Monsieur Léopold Delisle
administrateur général de la Bibliothèque
nationale.

Hommage respectueux

Ch. Bouillet.

LES

MAITRES DE LANGUE FRANÇAISE AU XVIIᵉ SIÈCLE

OLIVIER PATRU (1604-1681)

ET SES RELATIONS AVEC BOILEAU DESPRÉAUX [1]

Par M. Ch. REVILLOUT

I.

Le second historien de l'Académie française, l'abbé d'Olivet, a dit de Boileau : « Il n'y eut point en lui, si j'ose ainsi dire,

[1] SOURCES PRINCIPALES à consulter. *Histoire de l'Académie française*, par Pellisson et d'Olivet, avec une introduction, des éclaircissements et des notes par M. Ch.-L. Livet. Paris, Didier, 1858, 2 vol. in-8°. — Richelet ; *Les plus lettrés des meilleurs auteurs françois, avec des notes*. Amsterdam, Wetstein, 1790, in-12. — Même recueil, 5ᵉ édit., 2 vol. in-8° (*Particularitez de la vie des auteurs françois*, tom. I, pag. 112 à 114). — Vigneul-Marville ; *Mélanges d'histoire et de littérature*, tom. III, pag. 48. — *OEuvres de Boileau*, édit. de Genève, I, 343, II, 44. — *Dictionnaire* de Moréri. — Niceron, *Mémoires*, tom. VI, pag. 209 et suiv. — *Biographie Michaud*, art. de Foisset, tom. XXXIII, pag. 147 à 150. — *Biographie Didot*, art. de J. Travers, tom. XXXIX, col. 334 à 346. — Jal, *Dictionnaire critique de biographie et d'histoire*, 2ᵉ édit. Paris, Plon, 1872. — *Éloge d'Olivier Patru*, par M. P. Péronne, avocat, 1851. — Sainte-Beuve, *Causeries du Lundi*, 3ᵉ édit., tom. V, pag. 375 et suiv. — *Les historiettes* de Tallemant des Réaux, 3ᵉ édit., par MM. Paulin Paris et de Montmerqué. Paris, Techener, 1853-1860, 9 vol. in-8°. — *Plaidoyers et œuvres diverses* de Monsieur Patru, nouv. édit. (2°). Paris, Sébastien Mabre-Cramoisy, 1681. — *Remarques sur la langue françoise*, par Vaugelas, nouv. édit. par A. Chassang. Versailles, Cerf et fils, Paris, Jean Baudry, 1880, 2 vol. in-8°.

1

d'enfance poétique. Despréaux de son côté se vantait d'avoir été

par *lui*-même guidé
Et de *son* seul génie en marchant secondé [1].

Il faut voir dans cette double assertion une vaine illusion de
l'admiration ou de l'amour-propre. Le satirique n'a point échappé
à la loi commune ; il s'est développé par degrés, il a non moins
que les autres reçu l'empreinte des milieux par lesquels il a
passé. La famille d'abord, cette poudre du greffe dans laquelle
il est né poète, ses relations, ses amitiés littéraires ou mondaines,
l'envie ou les colères de ses ennemis, tout a contribué à le
former.

Parmi les amitiés dont il fut redevable à son origine bourgeoise,
la plus importante, à beaucoup d'égards, est celle du célèbre
Olivier Patru. Dans sa vieillesse, il a répété souvent qu'il ne
manquait jamais de lire à ce sévère Aristarque tous ses ouvrages
avant de les livrer au public [2] : il ne le prit pour censeur qu'après
l'avoir eu pour maître et c'est par lui qu'il se rattache au grand
mouvement littéraire du commencement du siècle. Molière lui
inspira l'amour du naturel et du simple, mais c'est de Patru qu'il
avait reçu le culte de la forme, la révérence de la langue et la
superstition du travail difficile. On pourrait même ajouter que
c'est à son exemple, comme à celui de d'Ablancourt, qu'il doit
d'avoir adapté à l'esprit français les idées, les sentiments, les
inventions même, de la Grèce et surtout de l'Italie ancienne.
Patru présente, en effet, dans la période intermédiaire qui s'étend
de l'avènement de Richelieu à la mort de Mazarin, l'alliance
intelligente du génie antique avec le génie national. Vaugelas,
qui devait beaucoup à ses lumières, lui rend ce témoignage,
qu'Athènes, Rome et Paris s'étaient unis pour le former [3].

---

[1] *Hist. de l'Acad. franç.*, II, pag. 105. — Boileau, *Épître* X, v. 99 à 100.

[2] Vigneul-Marville, cité, *OEuvres de Boileau*, édit. Saint-Marc, 1747, tom. V,
pag. 166.

[3] On peut dire qu'il a esté nourry et eslevé dans Athènes, et dans Rome,
comme dans Paris, et que tout ce qu'il y a d'excellens hommes dans ces trois
fameuses villes a formé son éloquence. Vaugelas, *Préface des remarques sur la
langue françoise*, pag. 49.

Ce fils, d'un procureur au Châtelet, élevé pour le barreau et qui s'y fit même la situation originale d'un réformateur, faisait de continuelles infidélités à la jurisprudence pour les belles-lettres ; et ce mélange lui donne au milieu de ses contemporains une physionomie à part. Il naquit à Paris le 13 août 1604, deux ans avant Corneille [1]. Son père lui fit faire d'excellentes études. L'écolier eut de brillants succès jusqu'à ses humanités, mais la philosophie avec son langage barbare et suranné le rebuta. Presque à la même époque Descartes était dérouté par les doutes et les erreurs d'un exercice qui donnait seulement moyen de parler vraisemblablement de toutes choses et de se faire admirer des moins savants [2]. Le penseur breton laissa là ses maîtres pour étudier le grand livre de la nature ; le jeune Parisien, plus léger et moins profond ne se donna pas la peine d'étudier une science hérissée de termes désagréables à l'oreille et inintelligibles. Il y avait alors dans le monde un livre faisant grand bruit et tournant toutes les têtes, c'était le roman de l'*Astrée* que publiait depuis 1610 Honoré d'Urfé. Sans doute un ouvrage aussi peu sérieux n'était pas admis dans les collèges, il avait aux yeux des pédagogues du temps deux torts irrémissibles : il traitait d'amour et était écrit en français [3] ; mais les portes des prisons où l'on renfermait la jeunesse n'étaient pas tellement closes que les fruits défendus n'y pussent pénétrer. D'ailleurs, le jeune Patru devait être externe, et si l'on en croit une anecdote rapportée dans l'histoire de l'Académie française, sa famille lui aurait mis dans les mains le livre à la mode. « Sa mère, qui était une riche procureuse, lui voyant, dit l'abbé d'Olivet, de l'aversion pour ses

---

[1] Il fut baptisé à Saint-Benoît le 13 août 1604. Son père Jehan Patru était procureur au Châtelet, Jal, *Dictionnaire*, v° Patru, pag. 944-245.

[2] *Discours de la méthode, première partie.*

[3] Une délibération municipale fait défense aux écoliers du collège de Blois « de parler françois entre eux, de jurer, de jouer aux cartes ou aux dés ou de faire autres actions illicites ». Cette défense est du 29 mars 1612 : c'est l'époque où Patru devait faire ses études. *Communication* de M. Dupré (*Recherches sur l'ancien collège de Blois*). *Revue des Sociétés savantes des départements*, IIe série, tom. VI, décembre 1867.

cahiers de philosophie, les jetait elle-même au feu et lui donnait
des romans à lire. Ensuite, un jour par semaine, elle invitait
quelques-unes de ses voisines, et devant elles lui faisait rendre
compte de ses lectures. Il narrait avec une grâce infinie, toutes
ces femmes étaient charmées, et l'auditoire grossit à un tel point
que, n'y ayant plus de quoi recevoir tout ce qui se présentait,
les assemblées furent rompues [1] ». L'anecdote a l'air passable-
ment romanesque, elle est arrangée avec un apprêt tout acadé-
mique, elle ne peut de plus s'appliquer à la propre mère d'Olivier.
A moins d'admettre, en effet, qu'il eût été assez précoce pour
faire sa philosophie avant l'âge de 10 ans, la mère si complaisante
devait nécessairement être une belle-mère : car le procureur au
Châtelet, veuf, on ne sait à quelle époque, de Jeanne Royer,
s'était remarié le 1er septembre 1614 avec Madeleine-Marie
Umbert [2]. N'importe, dans cette historiette inexacte assurément,
il doit y avoir un fond de vérité. Il est certain qu'à Paris, autrefois comme aujourd'hui, les enfants étaient traités plus douce-
ment, initiés de meilleure heure qu'en province à la vie et au
commerce du monde. D'Olivet en fait précisément la remarque
à propos de Patru. « Il fut », dit-il, «élevé, comme la plupart des
Parisiens, avec trop de mollesse. C'était le plus bel enfant qu'on
pût voir. De l'esprit, des manières, du penchant à l'étude, pourvu
néanmoins qu'on lui choisît une étude agréable [3]. » Cet écolier
intelligent et aimable, qui commence par se plaire aux beautés
littéraires des anciens, ce bel adolescent qui se porte avec ardeur

---

[1] *Hist. de l'Acad.*, tom. II, pag. 149 et 151. — Nisard, *Hist. de la littérature
française*, 10e édit., tom. II, pag. 208, dit : « pour Patru, l'esprit de choix, le
goût s'étaient révélés chez lui, comme chez Vaugelas, dès la première jeunesse.
Sa mère voulait lui faire quitter les livres de droit pour les romans de d'Urfé :
son excellent naturel résista ». Est-ce bien exact? d'Olivet parle de livres de
philosophie et non de livres de droit. Et d'ailleurs Patru eut toujours une vive
admiration pour les romans de d'Urfé.

[2] *Dict.* de Jal, *loc. laud.* « Ce ne fut que pendant peu d'années qu'elle (la
mère d'Olivier Patru) put donner à son fils cette direction faite pour le ranger
parmi les beaux esprits de son temps. »

[3] *Histoire de l'Académie*, tom. II, pag. 149.

vers les romans en vogue et se laisse séduire par les nobles sentiments de l'*Astrée*[1], ce gentil parleur enfin qui s'exerce à bien dire devant les bourgeoises de son quartier, voilà bien Patru. Tel devait être dans sa première jeunesse l'avocat disert et élégant, bel esprit autant qu'homme du monde qui réforma l'éloquence du barreau français. Il lit l'*Astrée* dès le collège, il se passionne pour l'héroïne avec le facile enthousiasme de son âge, mais, sans s'arrêter comme un écolier à la lettre du livre, il veut savoir les aventures réelles — les vérités, pour nous servir de son expression, — cachées sous le voile de ces aimables fictions. Un frère aîné qu'il perdit dans la suite, et qui était alors, assez dans le monde, vient à son secours et lui apprend ce qui s'en disait. Ce frère qui lui ouvre des jours sur les belles compagnies et lui inspire le désir de les connaître davantage, et par lui-même, semble avoir eu sur sa destinée autant sinon plus d'influence que sa belle-mère[2]. Mais ce qui le forma plus que tout le reste, ce fut le voyage qu'il fit à Rome à l'âge de 19 ans (1623). Un séjour au delà des monts était alors pour les jeunes gens de la noblesse et de la riche bourgeoisie, le couronnement d'une éducation libérale ; au reste, les adolescents faisaient volontiers ces pèlerinages à la mode, car l'Italie était non seulement la patrie des arts, mais l'école des plaisirs. Ce fils de procureur destiné par son père à la chicane, mais dont la nature avait fait un homme du monde, était merveilleusement préparé pour n'y pas perdre son temps. Il n'y devait demeurer qu'un an, mais «avec les lumières et les inclinations que vous avez, lui disait d'Urfé, ce n'est pas peu qu'une année de l'air d'Italie[3]».

En effet, ce n'était pas peu de chose pour cet esprit si bien

---

[1] Patru, dans ses *Éclaircissemens sur l'histoire de l'Astrée* (*Œuvres diverses*, pag. 890), dit : « Il n'y en avoit alors (en 1623) que trois volumes d'imprimez et je les savois presque par cœur, parce que je les lisois mesme au college. » Mais il ne dit pas qu'il tint ces volumes des mains de Mme Patru.

[2] *Éclairciss. sur l'hist. de l'Astrée*, pag. 890. — Tallemant parle de cette belle-mère : « autre bonne cervelle. » *La Leu*, tom. VI, pag. 277.

[3] *Éclairciss.*, pag. 891.

doué et si précoce. A peine avait-il passé les Alpes qu'il avait
eu l'heureuse fortune de rencontrer et de connaître person-
nellement l'auteur de l'*Astrée*. « Lorsque qu'en mon voyage
d'Italie, écrivait-il beaucoup plus tard, je passai par le Piémont,
je vis l'illustre d'Urfé, et je le vis avec tant de joie qu'encore
aujourd'hui je ne puis penser sans plaisir à des heures si heu-
reuses. Il avoit cinquante ans et davantage ; et n'en avois que
dix-neuf, mais la disproportion de nos âges ne me faisoit point
de peur. Bien loin de cela, je le cherchois comme on cherche
une maîtresse... Il m'aimoit comme un père aime son fils.
S'il avoit le moindre loisir, j'avois aussitôt de ses nouvelles. Il
me menoit dans ses promenades ; il me fit voir tout ce que je
voulus voir du grand monde et de la cour de Savoie ; mais tout
cela avec tant de témoignages de tendresse et de bonté que je
serois un ingrat si je n'en gardois éternellement la mémoire. Je
le vis donc très souvent pendant trois semaines que je séjournai
à Turin [1] ». Ces relations intimes avec d'Urfé, cette admiration à
la fois naïve et raisonnée pour un livre, «dont la mémoire, disait-
il encore, dans son âge mûr, durera autant que les lettres françaises ou, pour mieux parler, autant que le monde[2]», ont effrayé
le bon d'Olivet. Imbu des idées absolues de Boileau sur les
romans du xvii° siècle, il a craint pour le goût et le bon sens de
Patru, et rendu grâce à l'heureux naturel qui le préserva d'être
séduit et corrompu par le faux et le frivole de ces compositions [3].
En réalité, le livre d'Honoré d'Urfé, loin de gâter le réformateur
du barreau, compléta son éducation et contribua à le préparer à
son rôle futur. Sans aller jusqu'à dire, avec M. Emile Montégut,
que « l'*Astrée* est un beau livre, un livre de haute portée, presque
un grand livre [4]», il faut convenir au moins qu'il eut une action

[1] *Éclairciss. sur l'hist. de l'Astrée*, pag. 889, 890.

[2] *Ibid.*, pag. 901.

[3] « Pour peu qu'il eût naturellement aimé le faux et le frivole en matière d'é-
loquence, les romans eussent sans doute achevé de le gâter ». *Histoire de l'Acad.*,
tom. II, pag. 150.

[4] *Souvenirs du Forez*, *Revue des Deux-Mondes*, 15 mai 1874, pag. 313.

efficace et durable sur les mœurs et sur les idées. Sous le voile
d'une pastorale, il présente à une génération lassée des violences
et des misères des guerres civiles un modèle idéal de paix, de
vie tranquille, d'amour pur, dégagé des sens et des passions
vulgaires. C'est le bréviaire de tous les courtisans, disait l'auteur,
qui croyait avoir peint pour l'éternité [1] : disons mieux, c'était le
livre sur lequel la société polie, qui commençait alors, cherchait
à se régler. Nous verrons tout à l'heure comment Patru repré-
sente au barreau les tendances et l'esprit de cette société naissante.

En quittant Turin, il avait reçu de d'Urfé un rendez-vous pour
l'année suivante : quand il repassa par le Piémont, à son retour
de Rome, il eut le regret d'apprendre que l'auteur d'*Astrée* était
mort d'une chute de cheval [2]. Il rentra en France au milieu de
l'année 1625 [3], et dès ce moment se mit à fréquenter le barreau ;
il commença par le Châtelet, et y fut bientôt, dit Tallemant, en
quelque réputation [4].

Patru, né en 1604, avait alors 21 ans. Il n'avait pas dû consacrer
encore beaucoup de temps aux études juridiques ; au moins les
avait-il commencées bien jeune et les avait-il achevées de bonne
heure. C'était l'usage alors : d'Ablancourt, l'ami d'Olivier, suivit

---

[1] Voir le propos dans l'*Esprit de saint François de Sales*, de P. Camus,
évêque de Belley. *OEuvres complètes de saint François de Sales*, édit. Berche et
Tralin. Paris, 1884, tom. I, pag. 604. — Dans la sixième entrée du Ballet : *Le
libraire du Pont-Neuf ou les Romans* (vers 1643), *Ballets et mascarades de
1581 à 1682* recueillis par Paul Lacroix. Turin, Jules Gay et fils, tom. VI, 1870,
pag. 64. Astrée et Céladon chantent :

L'histoire de nos passions

Des plus brutales nations

A banny mille fois le crime et l'inconstance.

[2] Cet homme qui méritoit de vivre toujours, je le trouvai mort à mon retour.
Éclaircissement, pag. 890.

[3] D'Urfé mourut à Villafranca au mois de mai 1625. Patru, lors de la proces-
sion du grand jubilé de cette année, ne faisait que revenir d'Italie, dit Tallemant.
Histoire de Mme Levesque, IV, 265.

[4] Tallemant, *ibid.*, pag. 265. Suivant Niceron, pag. 209, 210, il s'était fait
recevoir avocat avant de partir pour l'Italie. — Ses classes faites, dit Richelet,
Particularitez, pag. 112, son plus grand soin fut de savoir le droit. Il l'apprit en
peu de temps. ..

les cours cinq ou six mois à Paris et fut reçu avocat à 18 ans[1].
P. Corneille, leur contemporain, n'avait pas été moins précoce et
vraisemblablement n'avait pas eu des études moins hâtives et moins
sommaires[2]. On prenait une teinture légère du droit dans les
écoles : le jurisconsulte se formait ensuite par la pratique et
par le travail. Le nouvel avocat ne se contenta point de pâlir
sur Bartóle, de feuilleter Louet allongé par Brodeau et de balayer
le barreau d'une robe à longs plis[3]; il resta ce qu'il était déjà,
ami du monde et du plaisir. Cet agréable parleur était en même
temps un fort bel homme, et, comme son père, enrichi dans le
métier de procureur, fournissait amplement à ses besoins, les
grâces de sa personne lui procurèrent de nombreuses bonnes
fortunes. Tallemant, l'un de ses amis intimes, les raconte avec
le laisser-aller que l'on connaît. Ces aventures achevèrent ce
que le séjour de Rome avait commencé. Le beau Patru, avant de
devenir un grand avocat, fut un homme à la mode dans la bourgeoisie[4]. En même temps, il se répandait dans la société des
lettrés, il y cherchait des plaisirs plus sérieux, plus conformes à
la dignité de sa profession et à la gravité foncière de son caractère. Bientôt il connut tous les beaux esprits qui remplissaient
la Ville, se lia avec eux, et se signala entre tous par son
amour des lettres. Et pour tout dire, la marquise de Rambouillet
le reçut au nombre de ses amis[5]. Parisien de naissance, il devint
parisien d'affection, de besoin, si bien qu'à la mort de Richelieu,
quand on lui proposa une sinécure en province, pour revoir et
arranger les mémoires du Cardinal, il ne voulut à aucun prix

---

[1] Patru ; Œuvres, tom. II, pag. 933.
[2] Il prêta serment d'avocat le 18 juin 1624. Il venait d'avoir 18 ans.
[3] Boileau ; Ire Satire. pag. 114 à 116.
[4] Tallemant ; Historiettes de Madame Levesque et Madame Compain. 2e édit.,
tom. VI, de La Cambrai, ibid. « On l'appelait dans sa jeunesse le beau Patru ».
Vigneul-Marville, tom. III, pag. 48. — L'auteur de l'art. Patru, dans la biographie Michaud, M. Foisset, a cependant écrit : Patru était doué d'un extérieur peu
avantageux (tom. XXXIII, pag. 147). C'était forcer étrangement la note défavo-
rable de Vigneul-Marville sur la diction et l'action de l'orateur. -
[5] Id.; Maître Claude, tom. III, 22.

s'éloigner de Paris [1]. Tout l'y retenait en effet. Sachant mener de front les plaisirs, les occupations du monde et les labeurs du cabinet, tout ensemble instruit et frivole, laborieux et dissipé, il s'était vite distingué des petits avocats, ses envieux, qui fréquentaient avec lui le Châtelet ou le Parlement [2]. Il apportait au Palais le goût de la politesse et de l'élégance qu'il avait pris dans les belles compagnies, l'amour de l'ordre, de la régularité, de l'art, en un mot, dont il avait puisé le sentiment dans son commerce intelligent avec les anciens. « En ce temps-là, dit d'Olivet, pour être souverainement éloquent, il fallait qu'un avocat ne dit presque rien de sa cause, mais qu'il fit des allusions continuelles aux traits de l'antiquité les moins connus, et qu'il eût l'art d'y répandre une nouvelle obscurité, en ne faisant de tout son discours qu'un tissu de métaphores. Cicéron, que M. Patru se rendit de bonne heure familier, et dont il traduisit une des plus belles oraisons, lui fit comprendre qu'il faut toujours avoir un but, et ne jamais le perdre de vue, qu'il faut y aller par le droit chemin, ou, si l'on fait quelque détour, que ce soit pour y arriver plus sûrement; et qu'enfin si les pensées ne sont vraies, les parties du discours bien disposées, on n'est pas orateur. Il se forma donc sur Cicéron et le suivit d'assez près en tout, hors en ce qui regarde la force et la véhémence [3] ». On n'aurait qu'une idée bien incomplète des nouveautés introduites par Patru, si l'on n'ajoutait qu'il se distinguait principalement de ses rivaux par la pureté exquise du langage, par le soin méticuleux qu'il apportait au choix des termes, à la régularité du tour, à l'impeccable correction de la phrase. Avec ces qualités qui tranchaient si fort sur le laisser-aller et la grossièreté des autres [4], mais qui

---

[1] Tallemant ; *Le cardinal de Richelieu*, tom. II, pag. 50.

[2] *Id.*; *Mme Levesque*, tom. IV, 265.

[3] *Histoire de l'Académie*, tom. II, pag. 150 et 151.

[4] M. Jules Le Berquier dans un article intitulé: *Une réforme au Palais (Revue des Deux-Mondes,* 1er janvier 1863), dit, pag. 168 : Antoine Le Maistre apparaît au XVIIe siècle comme une surprenante exception ; s'il fait encore des emprunts à l'antiquité, si çà et là il parle d'Aristote et de Platon... ... personne autour de lui n'a parlé au barreau ce langage pur, châtié, sobre et parfois d'une vigueur

répondaient si bien à l'instinct et aux aspirations des contemporains, le jeune avocat fit bientôt école. Il fut pour le barreau ce qu'à peu près vers la même époque le P. Senault, de l'Oratoire, était pour la chaire[1]. Ce que l'on a dit de l'orateur sacré pourrait, avec quelques changements dans le détail, se dire de l'avocat. « Le P. Senault », suivant un de ses émules, Jean de Lingendes, évêque de Mâcon, « a chassé de la chaire trois choses monstrueuses..... la confusion, la science profane, la raillerie ; la confusion par la méthode et la division, la science profane par la théologie de l'Ecriture et des Pères, enfin la raillerie par une majesté grave et un style sérieux[2] ». — « Les ouvrages du P. Senault, écrivait d'un autre côté Conrart à Rivet, sont fort estimés partout pour la netteté et la grâce du langage.» Mais le secrétaire perpétuel de l'Académie, qui n'observait pas avec ses amis et ses correspondants le silence prudent dont on a fait tant de bruit, ajoutait ensuite : « C'est un homme agréable et qui n'étant encore guère qu'à la fleur de l'âge prêche néanmoins depuis plus de vingt ans, ce qui empesche qu'il ne puisse autant étudier qu'il seroit nécessaire afin que la matière de ses écrits fût aussi utile que la forme en est distinguée[3].» Je ne sais

extrême. « Ce n'est pas l'idée que laissent les plaidoyers de Le Maistre, les emprunts à l'antiquité n'y paraissent pas çà et là, mais à chaque page, et le langage, souvent vigoureux, est beaucoup moins pur que celui de Patru. Ses plaidoyers imprimés ne peuvent, au surplus, donner la note exacte de son style oratoire ; il quitta le barreau en 1637 et ils ne parurent qu'en 1664, tout à fait remaniés. Quels notables progrès la langue n'avait-elle pas faits dans cet intervalle? Il est, du reste, également difficile d'établir des époques dans la manière de Patru. Ses discours, incessamment modifiés, ne sont pas tels aujourd'hui qu'ils ont été prononcés. Tel plaidoyer daté de 1631, il n'a été imprimé qu'en 1670.

[1] Le P. Senault était de l'âge même de Patru, s'il était né, comme le prétendent quelques-uns, en 1604; d'autres le font naître en 1599, à Anvers.

[2] Cité par Fromentières, dans l'*Oraison funèbre du P. Senault*. *Œuvres mêlées* de messire Jean-Louis Fromentières, évesque d'Aire. Paris, Jean Couterot, 1695 in-12, pag. 254.

[3] René Kerviler et Édouard de Barthélemy ; *Valentin Conrart... sa vie et sa correspondance*. Paris, Didier, 1881. *Lettre à Rivet du 10 novembre 1645*, pag. 300. — Si Senault prêchait depuis plus de vingt ans, en 1645, il avait débuté dans la chaire presque au même temps que Patru débutait au barreau.

si le P. Senault n'avait pas le temps d'étudier, mais ce contraste
que Conrart constatait chez lui, avec tant de vérité, entre le fond
et la forme se remarque-également chez Patru ; pour l'un comme
pour l'autre, il venait de la nature même de leurs esprits, plus
élégants et plus agréables que profonds et créateurs. Tous deux
étaient de ces hommes de second ordre, dont M. Jacquinet,
l'historien des prédicateurs avant Bossuet, a dit fort justement :
« Le bon sens, le talent honnête et sage préparent et même
commencent les révolutions du goût : seul le génie par son
action puissante les accomplit[1]. » Ce n'était ni le temps, ni l'étude
qui manquaient à Patru, c'étaient, il faut bien le dire, avec une
matière oratoire, les qualités transcendantes et essentielles de
l'orateur. Quoi qu'il en dise[2], l'éloquence française n'avait pas, de
son temps, les occasions de parler qu'avaient eues Cicéron et
Démosthène, et le genre judiciaire lui-même ne donnait pas en
France libre cours à ces mouvements de passion et de fière indé-
pendance que permettaient les tribunaux d'Athènes ou de Rome.
Quant à Patru, s'il était élégant et disert, il manquait absolu-
ment de force et de véhémence[3]. Son action avait le même défaut
que sa parole. Distingué dans ses manières, doué d'une noble
et charmante figure, il n'avait pas, dit Ménage, la prononciation
belle[4]. Il se tuait de parler, dit également Vigneul-Marville, on
se tuait pour l'écouter et après tout on ne l'entendait pas. « Et
comme son geste manquait de vigueur et d'expression, le reste,
dit encore Marville, avait peu de lustre ». Le reste, c'était l'élégance et la pureté de son langage, le tour heureux et savamment

[1] Jacquinet ; *Les prédicateurs du xvii° siècle avant Bossuet*. Paris, Didier, 1863.
pag. 364.

[2] *Lettre au Révérend Père *** de la Compagnie de Jésus*, Œuvres, tom. II.
pag. 929 à 931.

[3] C'était un orateur de l'air de celui que Cicéron appelait *Orator parum vehe-
mens*. Vigneul-Marville ; *Mélanges*, etc , III. 48. Cf d'Olivet ; *Histoire de l'Académie*, tom. II, pag. 151.

[4] *Menagiana*, tom. II, pag. 116 — « Il avoit, disait Bezons, la voix pitoyable » ;
Tallemant qui rapporte le mot ajoute en parenthèse « il ne l'a que faible ». Ed.
Paulin Paris, tom. V, pag. 202.

préparé de sa phrase, l'habile disposition de son discours. Dans
ces conditions difficiles pour le succès, Patru n'était pas fait pour
les grands triomphes oratoires. Les gens de goût et de savoir,
dans ce temps particulièrement où tous les esprits étaient tournés
vers les progrès de la langue, admiraient avec enthousiasme les
grâces nouvelles et la pureté de son style, et ne pouvaient se
lasser de comparer l'élégance et la distinction de ses plaidoyers
avec la grossièreté et la vulgarité de ce que l'on entendait habi-
tuellement au Palais. Ses rivaux même étaient sous le charme.
Le célèbre avocat, Antoine Lemaistre, si abondamment pourvu
de ces qualités suprêmes de l'action qui manquaient à Patru,
Lemaistre, dont le bras, la voix, les yeux, le mouvement pas-
sionné de tout le corps avaient plus de force et d'efficacité que
la parole, partageait l'admiration commune. Lui-même, nous le
savons par Chapelain, faisait circuler et communiquait à ses amis
la copie des plaidoyers de son confrère[1], tant on les considérait
comme des modèles achevés de l'art oratoire. Les doctes, les
beaux esprits, prônaient à l'envi ces chefs-d'œuvre : ils étaient
l'objet des entretiens dans les ruelles, et quand l'avocat à la
mode parlait à la barre, on se tuait à l'écouter tant on craignait
de ne pas l'entendre.

Néanmoins, dans les causes où l'on avait besoin d'émouvoir
et de remuer les cœurs, encore plus que de plaire à l'esprit, on
s'adressait souvent ailleurs. Plus intéressés à gagner leur procès
qu'à admirer des phrases bien faites, les plaideurs allaient chercher les avocats qui, sans charmer le goût, savaient mieux enlever
les juges.

« Ozanets, Defitta, Petitpied, dit encore Vigneul-Marville, avec
leur vieux style, emportaient tous les écus du Palais, pendant
que Patru n'y gagnait pas de quoi avoir une bonne soupe[2]. » Il

---

[1] *Lettres de Jean Chapelain*, tom. II, pag. 674 et 675, à M. Patru, Paris,
20 février, 1670. — Sur l'*action* de l'avocat Lemaistre, voir les *Mémoires de
Fontaine*, tom. I, pag. 53 et suiv. et la note 1, pag. 382 du *Port-Royal* de Sainte-
Beuve, 3e édit., tom. III, livre II, chap. 2.

[2] Voir le passage entier de Murville, dans ses *Mélanges*, tom. III, pag. 48.

ne faudrait point toutefois prendre à la lettre, et comme de l'argent comptant, ces affirmations si burlesquement exprimées. Le chartreux Bonaventure d'Argonne, qui se cache sous le nom de Vigneul-Marville, est coutumier de ces assertions dénigrantes comme de ce style familier et trivial. D'ailleurs, il parle surtout de ce qui se passait de son temps, quand il parut lui-même au barreau à une époque où la réputation du célèbre avocat était sur son déclin[1]. On ne saurait, en effet, nier le succès de Patru sous le règne de Louis XIII et pendant les premières années de Louis XIV, ni l'estime dont il jouissait au palais, ni la juste considération dont il était entouré par les magistrats. Le premier président Pompone de Bellièvre, qui mourut le 13 mars 1657, était fort persuadé de son mérite. On le vit bien, à l'occasion de la fameuse querelle survenue entre Ménage et Gilles Boileau. Patru, leur ami commun, s'entremit pour réconcilier les deux adversaires. L'irascible érudit fit le fier et repoussa tout accommodement, sur quoi le premier président lui dit. « Refuser d'en croire M. Patru, je vous conseille de mettre cela au bout de votre lettre.[2] » Malgré cette autorité manifeste, la situation n'était pas aussi lucrative que brillante. La cause en était dans la nature même du talent d'Olivier. Fort exigeant pour lui comme pour les autres, il se hâtait lentement à produire, si lentement qu'il s'oubliait en chemin et se laissait devancer par des rivaux, sans doute fort inférieurs, mais plus pressés et plus actifs. Du reste, un invincible penchant, qui se trahissait dans ses efforts même pour réformer le style du barreau, le portait ailleurs. Il aimait les lettres avec passion, et cet amour ne lui permettait pas de consacrer assez de temps à sa profession. C'était une foi sincère et

---

[1] D'Argonne, mort en 1704, était né en 1634 ; à peu près du même âge que Boileau, il parle du temps où ce dernier écrivait le vers souvent cité : Où Patru gagne moins que Huot et le Mazier. Sat. 1, v. 224. — Patru était certainement alors peu occupé, mais il avait encore des affaires ; sur les dix-sept plaidoyers contenus dans l'édition de 1681, le premier et les deux derniers sont postérieurs à la première satire de Boileau. OEuvres, tom. I., pag. 1, 472 et 577. L'édition de 1732 en renferme d'autres qui appartiennent aussi à la vieillesse de Patru.

[2] Tallemant des Réaux, historiette de Ménage, V, pag. 237, 238.

par cela même agissante : elle le détournait peu à peu d'une carrière qui réclame elle-même tous les instants.

Ces nobles et chères études, que les Romains appelaient des
loisirs, firent tellement tort à ses occupations obligées, qu'il
négligea insensiblement ces dernières ou, ce qui était la même
chose, se laissa complètement absorber par quelques affaires de
choix qu'il travaillait à loisir, avec un soin d'artiste.

Ces plaidoyers de prédilection, il les remettait cent fois sur le
métier, les polissait et les repolissait sans cesse, comme Cicéron,
son modèle, avait fait des *Verrines* ou de la *Milonienne*. Retou-
cher ainsi ses œuvres juridiques, c'était encore travailler au
perfectionnement de notre langue, et l'on peut dire hardiment que
jamais personne ne lui fit de pareils sacrifices Aussi l'on enten-
dit un magistrat haut placé dire que cet avocat qui plaidait si bien
la cause de l'Académie et de la langue française n'entendait rien
à plaider la cause de sa fortune[1].

A la fin, il ne venait guère au palais, si l'on en croit Vigneul-
Marville, pour plaider ou pour consulter, mais pour donner son
avis sur les difficultés du langage. Ses admirateurs venaient le
trouver à son pilier pour écouter ses conseils de style, mais les
gens d'affaires ne le considéraient pas comme un avocat utile aux
autres et à lui-même[2].

En revanche, si le palais l'apercevait de moins en moins comme
jurisconsulte, les ruelles, les réunions littéraires le voyaient fré-
quemment jouer un rôle actif. Il laissait Barthole pour collaborer
avec Vaugelas, se faisait grammairien avec lui et l'éclairait souvent de ses conseils. Il avait ainsi, dès le principe, fait deux parts
de sa vie, l'une pour les affaires de sa profession, l'autre pour les

---

[1] Reproduit dans les *Anecdotes littéraires*, nouvelle édit. Paris 1752, tom. III,
pag. 87.

[2] *Mélanges* de Vigneul, 1702, tom. III, pag. 48 cités dans Moréri et les
notes de M. Ch L. Livet sur l'*histoire de l'Académie*, II. pag. 151. — Après
l'audience, dit Richelet dans son *dictionnaire*, les Avocats consultants et autres
se mettent aux piliers. v° *Pilier*

lettres. Mais la seconde empiétait de plus en plus sur la première,
si bien que le littérateur finit par effacer l'avocat[1].

« Si, disait après sa mort, son lecteur Richelet, au lieu de
s'amuser avec Vaugelas à mesurer une période et à régler l'usage
d'un mot, il se fût, à la manière des gens du Palais, appliqué à
empocher l'écu, il n'aurait pas été contraint de faire sauter quarante mille livres de bon bien et n'aurait pas eu le malheur d'être
exposé à la furie d'un impitoyable créancier. Mais, on a beau faire,
on ne peut éviter son destin. Son astre voulait qu'il mourût pauvre et en honnête homme. Hé bien ! il y est mort[2]. »

Son astre voulait également qu'il devint un des maîtres de
notre langage, et il le devint : « Vaugelas, d'Ablancourt, Patru,
écrivait S. Evremond, ont mis notre langue dans sa perfection[3]. »

En 1640, on le fit de l'Académie, instituée seulement depuis
cinq ans. Chapelain annonça la nouvelle à Balzac, en ces termes:
« L'abbé d'Aubignac, pensant avoir un pied dans l'Académie,
repulsam passus est, à cause d'un libelle qu'il avoit fait contre
la Roxane de M. Desmarets. On lui a préféré M. Patru, cet
excellent avocat, notre ami[4]. » L'élu, transporté d'aise, fit
éclater sa reconnaissance « dans un fort beau remerciement ».
« L'on en demeura si satisfait, dit Pellisson, qu'on a obligé tous
ceux qui ont été reçus depuis d'en faire autant[5]. »

Il succédait à Porchères d'Arbaud, mais l'on n'avait point
encore imposé au récipiendaire l'éloge de son prédécesseur. Le
remerciement roule donc exclusivement sur les louanges de

[1] Il mettait tant de temps à arrondir ses périodes et à châtier ses expressions
qu'il ne put être beaucoup employé ; il était grammairien autant qu'avocat.
Mémoires de l'abbé Legendre. Paris, Charpentier, 1863, livre 1, pag. 29.

[2] *Les plus belles lettres des meilleurs auteurs françois.* Amsterdam, 1690,
pag. 330, note C.

[3] *OEuvres* de S. Evremond, *dissertation sur le mot de vaste*, éd. Londres, 1725,
tom. IV. pag. 4 ; voir Chassang, Introduction des *Remarques sur la langue
françoise de Vaugelas*, pag. XLVI.

[4] 8 juillet 1640.

[5] *Histoire de l'Académie*, tom. 1, pag. 159.

l'Académie [1]. Pur, élégant, exact, sobre même de forme, ce
discours pour le fond est creux et vide, et surtout emphatique à
l'excès. Le thème de ce dithyrambe en prose, c'est l'exaltation
et l'apothéose de l'Académie. Jamais la docte Compagnie où
Corneille n'avait pas encore sa place, où l'on ne comptait pas un
seul écrivain de génie, ne fut saluée par une telle fanfare. On y
rencontre avec stupéfaction des phrases comme celle-ci : « N'es-
pérez pas de trouver à l'avenir des hommes qui vous ressemblent.
C'est bien assez à nostre siècle, de s'estre veû une fois quarante
personnes d'une suffisance, d'une vertu si éminente. Un si grand
effort n'a pû se faire sans épuiser la nature. Vos successeurs ne
seront plus désormais que l'ombre de ce que vous estes, et des
enfans qui n'auront que le seul nom de leurs pères [2]. » Cet enthousiasme a son excuse dans l'esprit du temps, dans les services
que tous ces hommes de talent, obscurs et oubliés aujourd'hui,
les « illustres » d'alors, ont certainement rendus à notre langue
et aux belles-lettres. Il s'explique encore mieux par la joie naïve
qu'éprouvait Patru, en venant s'asseoir à l'Académie. Il n'avait
point applaudi, sans une secrète envie, ni sans quelque amertume,
à la naissance et à l'établissement de la Compagnie. « Si j'admi-
rois, dit-il, avec une emphase puérile, ces rares génies, ces
grands ouvriers qui travaillent tous les jours à l'exaltation de la
France, je désesperois en mesme temps d'entrer jamais dans un
lieu où quelque part qu'on jette les yeux on ne voit que des
Héros [3]. » Désigné, bientôt après *in petto*, par le Cardinal, auquel
il avait adressé sa belle épitre dédicatoire, *au nom des Elzeviers*,

---

[1] On prit, disent MM. R. Kerviler et Ed. de Barthélémy (*Valentin Conrart,
Sa vie et sa correspondance.* Paris, Didier, 1881, in-8°, pag. 41, 42), en 1640,
lors de la réception de Patru, la décision d'obliger à l'avenir les récipiendaires à
prononcer un compliment dans lequel on exalterait les louanges du protecteur et
du fondateur de l'Académie, ce n'est pas le compliment de Patru qui peut servir
de précédent à cette obligation, car il n'y parle ni directement ni indirectement
du cardinal.

[2] Patru, *OEuvres diverses*, pag. 718, 719.

[3] *Ibid.* pag. 718.

pour la traduction françoise du nouveau monde de Laët [1], il fut au comble de ses vœux, quand l'Académie eut ratifié par ses suffrages le choix de Richelieu. «Je vous laisse, disait-il, en finissant son compliment, toutes les couronnes, toutes les gloires du Parnasse. Je me contente de vous applaudir et de semer quelques fleurs sur votre route, aux jours de vostre triomphe. C'est ainsi que je prétens justifier vostre choix et faire voir à toute la France, que si d'ailleurs tout me manque, vous ne pouviez pour le moins jetter les yeux sur une personne qui eust ou plus d'amour pour les lettres, ou plus de respect et de vénération pour cette illustre Compagnie [2].»

Ce remerciement semble avoir donné le ton aux harangues de l'avenir; mais Patru s'y montre vraiment trop modeste : il était parfaitement à sa place à l'Académie et tout à fait à la taille de ses confrères. Aussi prit-il immédiatement son rang au milieu de ces «doctes en français [3]» qui travaillaient avec tant de suite à régulariser notre idiome et à le fixer. Les meilleurs grammairiens de la compagnie [4], Chapelain, Jacques de Sérisay, l'abbé Germain Habert de Cérisy, et le plus autorisé de tous, Vaugelas, l'écoutaient avec attention quand il traitait avec eux quelque question grammaticale. Le dernier allait bientôt du reste proclamer hautement quels étaient les droits du nouveau venu à s'asseoir parmi ces maîtres de la langue. «Je défère beaucoup à ses sentimens,

[1] *OEuvres diverses*, pag. 720. « Il lui destina une place d'Académicien », dit d'Olivet. *Histoire de l'Académie*, tom. II, pag. 153.

[2] *Id.*, pag. 719, 720.

[3] Le mot est de Patru lui-même : laissons dire les doctes qui ne sont pas doctes en françois. *Remarques sur les remarques de Vaugelas. OEuvres diverses*, 4ᵉ édition, Paris, 1732, tom. II, pag. 575. Je n'ai pu trouver cette note dans l'édition des *Remarques* de Vaugelas donnée par Chassang.

[4] M. de Serisay qu'on appelloit *Serisay La Rochefoucauld*, (parce qu'il était intendant du duc de La Rochefoucauld). M. l'abbé de Cerisy, M Vaugelas, Ablancourt, Gombaud, Chapelain, Faret, Malleville, y estoient. Je ne parle que des morts : nous n'avons pas eu de meilleurs grammairiens sur-tout Vaugelas, Cerisy et Serisay. *Remarques* sur Vaugelas. édit. Chassang, tom. 1, pag. 273. — Par inadvertance la note de Patru est attribuée dans cette édition à Th. Corneille.

devait-il écrire en 1647, et j'ai appris force choses de lui, dont
j'ai enrichi ces remarques[1] ».

C'était simplement un hommage rendu à la vérité. Patru fut,
en effet, non seulement le conseiller, mais souvent aussi le coo-
pérateur de Vaugelas. Il lui donnait son avis à mesure que les
difficultés se présentaient, et mainte fois cette consultation le for-
çait lui-même à regarder de plus près, à revenir sur ses premières opinions, à étudier avec l'usage présent, l'usage passé, avec
l'usage de la Cour et de la Ville, celui du peuple[2]. Il a même
en cela un grand avantage sur son confrère. Ce bourgeois de
Paris qui voit les meilleures compagnies et vit familièrement avec
les grands, ne fréquente pas la Cour[3], aussi sa vue n'est-elle pas
trop bornée par cet étroit horizon. Le gentilhomme savoyard[4], au
contraire, attaché toute sa vie au service des princes par quelque
emploi subalterne[5], a vieilli dans la Cour[6]: il cherche principalement dans ce pays le « bon usage », dont il veut être le
simple témoin[7]. Patru procède d'une façon plus large et moins
systématique. Sans doute il s'incline devant le bel usage, mais
en fait, sinon en théorie, il ne le considère point comme la règle
unique[8]. Il n'en formule point d'autre, à la vérité, mais il s'est
fait certainement, en dehors de la mode et de ses bizarreries une

[1] *Remarques*, etc., tom. I, pag. 234, au mot *quel*.
[2] Voir ses *notes* sur Vaugelas, *passim*.
[3] Il écrit à Pellisson, *OEuvres*, pag. 912 : Le païs et la salle du Palais ne sont
pas sur la carte de la cour, et j'y serois, Monsieur, encore inconnu sans votre
secours.
[4] M. Auguste Bourgoin, *Valentin Conrart et son temps*; Paris, Hachette, 1883,
pag. 138, a dit : « Nous conservons au baron de Péroges (Vaugelas) cette épithète
à cause de l'usage, quoiqu'il fût né à Meximieux en Bresse ». Oui, mais quand il
naquit, le 6 janvier 1585, la Bresse faisait encore partie des États de Savoie.
[5] En 1621, il sollicite humblement le duc de Genevois comme le patron de
sa famille; il fut gentilhomme ordinaire de Gaston d'Orléans, à la fin de sa vie il est
au service de Madame de Carignan. — V. Chassang, *Introduction*, pag. IV à XIV.
[6] *Remarques*, etc. tom. II, pag. 376.
[7] « Je ne pretens passer que pour un simple tesmoin qui dépose ce qu'il a veu
et ouï. » *Préface*. pag. 2.
[8] Il écrit, à l'occasion d'un passage où Vaugelas avait opposé la Cour à Paris :
« Je suis en cela bon Parisien ». *Rem*. sur Vaugelas, tom. II, pag. 68.

idée à lui sur le génie de notre langue et subordonne ses opinions sur les cas particuliers à cette idée abstraite ; on le sent bien
au ton dogmatique de ses jugements : soit qu'il approuve, soit
qu'il condamne, il s'exprime en termes brefs, impératifs, en
homme qui prononce, d'après un sentiment intime, en vertu d'une
loi, mal définie, mais à laquelle il obéit instinctivement.

Il me semble sur un autre point supérieur à Vaugelas : il a
mieux étudié que lui nos anciens écrivains. Son ami ne remonte
guère plus haut que Montaigne et qu'Amyot, et quoiqu'il pro-
clame le dernier un grand maître de notre langue [1], ce n'est pas
assurément leur français qui lui tient à cœur[2]. Patru, surtout dans
la seconde partie de sa vie, se montre familier avec nos vieux
auteurs. Il ne se borne point au xvie siècle, mais, franchissant les
époques de Villon et du *Roman de la Rose*, il va jusqu'à Villehar-
douin [3]. Sans doute, dans cette revue rétrospective, il s'arrête à
la superficie et manque des connaissances nécessaires pour juger
d'une manière scientifique ; mais, tout incomplètes qu'elles
soient, ces études ont contribué certainement à lui faire mieux
comprendre la nature et le génie de la langue nationale. Il apportait donc à Vaugelas un secours à la fois éclairé et sévère, et
l'on n'a pas de peine à croire qu'il lui ait appris « force choses »
quand celui-ci rassemblait les éléments de son livre.

Lorsque le recueil fut prêt pour l'impression, Patru ne fut pas
moins utile à l'auteur. Il fut particulièrement chargé d'en véri-
fier les principes et les assertions et fut une des trois personnes que désigne Vaugelas dans le passage suivant de sa *Préface* : « Les uns en ont veu une partie, les autres une autre, mais
il y en a trois qui ont pris la peine de les voir toutes et qui au

---

[1] *Remarques*, tom. II, pag. 372.

[2] « Il n'a pas l'air de connaître Montaigne », dit Chassang. *Introduction*, pag.
xxviii. Il le cite cependant, à propos de *Chypre*, tom. I, pag. 58. Quant à Amyot,
il a dit de lui : « Tous ses magazins et tous ses thrésors (du langage français) sont
dans les œuvres de ce grand homme », mais il ajoute ensuite, « bien que nous
ayons retranché la moitié de ses phrases et de ses mots ». *Préface*, pag. 37.

[3] On trouve la preuve de cette érudition dans ses *Remarques* sur Vaugelas,
V. surtout tom. I, pag. 278, 294.

milieu de leurs doctes occupations, ou de leurs plus grandes
affaires, n'ayant point d'heure qui ne leur soit précieuse, ont bien
voulu en donner plusieurs à l'examen de ce livre [1]. »

Les deux autres étaient Chapelain et Conrart. Car malgré
quelques mésintelligences passagères entre l'illustre avocat et le
premier secrétaire perpétuel de l'Académie [2], on peut dire que
ces trois hommes ont été fort unis et souvent ont formé un trium-
virat, dont on constate plusieurs fois l'action efficace dans l'histoire littéraire de cette époque.

Malgré la révision dont nous venons de parler, Patru ne se
croyait pas quitte avec l'ouvrage de Vaugelas. Il le considérait,
même après la mort de l'auteur, comme encore soumis à son
examen, et pour s'acquitter envers la mémoire de son ami, ne
cessait point d'écrire des notes sur les pages de l'exemplaire qui
lui appartenait [3]. N'était-ce pas continuer l'œuvre et rester soli-
daire des doctrines de ce grammairien dont on a dit avec tant de
vérité : « Vaugelas est moins une personne, un esprit individuel,
et original qu'un esprit collectif : Il passe sa vie à s'approprier, à
se conformer à autrui. [4] »

---

[1] Préface des *Remarques*, § XIII, tom. I, pag. 45 et la note 1.

[2] Tallemant, brouillé lui-même avec Conrart, dit en note dans l'*historiette* de
celui-ci, tom. II, pag. 294: «Patru à qui il avoit fait quelques petites sottises ne
le voyoit plus, longtemps devant, sans esclatter. Il (Conrart) l'alla voir et se récon-
cilia avec lui —Cf. M. Bourgoin, *Valentin Conrart*, chap. III, pag. 55 et la note 1.
En reproduisant la note de Tallemant, M. Bourgoin a omis le mot *devant*, ce qui
change le sens. — Patru, *vie d'Ablancourt*, pag. 939, parlant de l'amitié de Conrart et d'Ablancourt, dit qu'elle étoit telle qu'on le peut imaginer entre deux personnes pleines d'esprit et de *vertu*.»

[3] Cet exemplaire est aujourd'hui à la bibliothèque Mazarine (Mss. 1954,4). Les
notes ont été publiées pour la première fois dans les *OEuvres diverses* de Patru
éd. de Hollande 1692, dans l'éd. de Paris 1714 et dans l'édition in-4°, 1732,
tom. II, pag. 556 et suivantes. C'est par inadvertance que Chassang les place
dans l'édition de 1681. — Ces notes ont été écrites à diverses époques, quelques-
unes après l'apparition des *nouvelles remarques* de Bouhours en 1676. V. l'*introduction* de Chassang, pag. 41 et 411. — Patru publia de plus en 1659, une
3ᵉ édition du Quinte Curce de Vaugelas. V. note de d'Olivet *Hist. de l'Académie*,
tom. I, pag. 236, note 2.

[4] D. Nisard, cité par Chassang. *ibid*, pag. XLIV.

Mais Patru n'était pas seulement grammairien, comme Vaugelas ; il étudiait, observe avec raison l'abbé d'Olivet, la langue
en orateur [1]. On peut s'en convaincre en lisant avec attention les
notes écrites sur son exemplaire des *Remarques*. Elles portent à
chaque instant la trace de préoccupations oratoires [2]. Tantôt il
adopte un terme parce qu'il est plus soutenu, tantôt il veut qu'on
juge du mérite d'un mot ou d'un tour par l'oreille, mais il a soin
d'ajouter par une bonne oreille, c'est-à-dire, par « l'oreille d'un
homme intelligent dans la langue [3] ».

Ce qui ressort surtout de ces notes, c'est l'amour de notre
idiome français. Il en a la plus haute idée. Sur ce point Vaugelas ne lui cède en rien, et, lorsqu'il veut louer notre langue, parle
bien plus en orateur qu'en grammairien, disons mieux, moins
en historien qu'en prophète et en voyant. Ne craignons pas de
citer, après tant d'autres, cet éloquent passage : « Il n'y a jamais
eu de langue, où l'on ait écrit plus purement et plus nettement
qu'en la nostre, qui soit plus ennemie des équivoques et de toute
sorte d'obscurité, plus grave et plus douce tout ensemble, plus
propre pour toutes sortes de stiles, plus chaste en ses locutions,
plus judicieuse en ses figures, qui aime plus l'élégance et l'ornement, mais qui craigne plus l'affectation [4]. » Écrit en 1647, ce
pompeux éloge convient certainement mieux à l'avenir qu'au
présent : il n'en mérite pas moins d'attirer l'attention. C'est le
programme plein de promesses d'une école laborieuse et vail-
lante : elle montrait ainsi, par la plume du plus illustre de ses
chefs, le but qu'elle se proposait d'atteindre. Vaugelas parle,
mais c'est à Patru qu'il songe, c'est dans cet éloquent ami qu'il
espère trouver bientôt le panégyriste de notre langue.

Patru projetait, en effet, une Rhétorique française, mais il [*]

---

[1] *Histoire de l'Académie*, tom. II, pag. 153.

[2] Cela est très bien dit, et s'il n'est grammatical, il est oratoire et beaucoup
plus soutenu que n'est l'autre, *Remarques*, tom. I., pag. 260, notes.

[3] *Remarques*, tom. I, pag. 150, note 2. Cf. pag. 216, 234, 249, 294.

[4] *Préface*, pag. 48 et 49 de l'édit. Chassang.

n'eut jamais le loisir de la composer[1]. Comme les cheveux de
l'homme entre ses deux maîtresses, son temps et son bien étaient
emportés, à tous moments, par ses deux passions. D'un côté,
il écrivait sur la fin de sa vie, au duc de Montausier : « L'amour
des lettres, un peu trop excessif chez moi, a ruiné ma fortune[2]».
De l'autre, les obligations de sa profession l'empêchèrent toujours
de consacrer assez de temps au bel esprit pour faire des livres.
Le métier et le penchant se faisaient tort l'un à l'autre. Au barreau, il n'écrivit qu'un petit nombre de plaidoyers, travaillés
avec soin et remaniés sans cesse ; il fut obligé de se borner
dans les lettres à méditer, à étudier sans produire. Mais si pour
sa fortune au Palais, et pour sa gloire littéraire, il ne fit rien ou
ne fit pas assez, il fit du moins beaucoup pour les progrès de
notre langue. Au barreau, ses plaidoyers peu nombreux, mais
achevés, devinrent le modèle de l'éloquence judiciaire. Ils appri-
rent à imiter l'ordonnance des anciens, à rechercher, avec la pureté
de la diction, la noblesse et la propriété des termes, l'élégance
des tours, l'harmonie de la période. Sans doute ces qualités,
nécessaires à acquérir, nuisirent souvent dans la suite à la sim-
plicité et au naturel : le style eut quelque chose de tendu et de
timide, de monotone et de trop solennel. Si l'on en croyait cer-
tains commentateurs, Racine aurait eu en vue Patru, lorsque dans
les *Plaideurs*, il fait dire à l'*Intimé* :

> «Messieurs, tout ce qui peut étonner un coupable,
> Tout ce que les mortels ont de plus redoutable,
> Semble s'être assemblé contre nous par hazar.
> Je veux dire la brigue de l'éloquence[3]. .

[1] On attendoit de lui une rhétorique et il l'auroit très bien faite, s'il eût eu
autant d'honnêtes loisirs qu'il lui en falloit. Mais ici l'on n'assiste guère le mérite
tout pur et, s'il ne va à l'hôpital, il n'en va pas loin. Richelet ; *Les plus belles
lettres des meilleurs auteurs françois*, par Pierre Richelet. Amsterdam, 1698,
pag. 171.

[2] *OEuvres diverses*, pag. 908.

[3] *Plaideurs*, III, 3. C'est le *Menagiana*, édit. 1729, tom. III. pag. 24, qui
désigne Patru par une initiale. Il s'agit d'un emprunt fait à l'exorde du discours
de Cicéron pour *Quinctius*. Tallemant, *Advocats*, n° 5, tom. VII, pag. 273, raconte

La chose est bien possible, quoiqu'elle étonne un peu de Patru. Mais ces excès ne doivent pas nous rendre injustes : il importait de préparer et de perfectionner l'instrument qui devait servir aux grands écrivains : ce fut l'œuvre de la génération à laquelle appartenait notre avocat ; dans cette œuvre sa part à lui est bien large, et l'on ne saurait en contester l'action puissante sur les contemporains. Dès le début de sa carrière, il a, par instinct, le souci de bien dire : dans le commerce avec ses amis, comme au Palais, il donne des leçons de goût et de bon sens. Perrot d'Ablancourt, le célèbre traducteur, proclamait hautement tout ce qu'il lui devait à cet égard. Il avait notamment appris de lui à mépriser les pointes et les équivoques alors fort à la mode : il lui devait d'aimer Cicéron, dont il n'avait pas lu les livres depuis le collège, « où le fouet, disait-il, les lui avait rendus désagréables[1] ». Et, quand il se fut mis à traduire, c'est lui d'abord qu'il consulta seulement[2]. Ils étaient, du reste, parfaitement d'accord sur la manière de traduire. Tous deux croyaient également que, s'il faut rendre le sens de l'auteur original, il est nécessaire, pour ne rien lui ôter de sa force et de ses grâces, de prendre avec lui une certaine liberté et « s'éloigner de toute servitude[3] ». C'est dans cet esprit qu'ils travaillèrent ensemble, de concert avec deux de leurs amis, Louis Giry et du Ryer, à mettre en français huit discours de Cicéron. D'Ablancourt en prit quatre ; Patru, pour sa part, se chargea de l'oraison pour le poète Archias. « Cette traduction, qui parut en 1638, fit « assez de bruit dans le monde[4] ». C'était naturel, car l'entreprise n'était pas un effort isolé de quelques hommes, c'était une tentative concertée d'avance avec les beaux esprits d'alors les plus en renom et encouragée par eux. Conrart était devenu l'un des inspirateurs de d'Ablancourt, Chapelain

l'historiette et ne parle pas de Patru, mais d'un jeune avocat. Il est possible qu'il n'ait pas voulu nommer son ami, ce serait alors un trait de la jeunesse de celui-ci.

[1] *OEuvres* de Patru, tom. II, Voy. lettre 2e, pag. 974 et lettre 6e pag. 983.
[2] *OEuvres diverses* de Patru, la *Vie de Monsieur d'Ablancourt*, pag. 947.
[3] *Ib*. pag. 946.
[4] *Ib*. pag. 940. — Tallemant, *la marquise de Rambouillet*, tom. II, pag. 436, dit de ces traductions: Il (M. de Pisani) les aimoit et les lisoit à toute heure.

avait pris l'œuvre sous sa protection et la recommandait à Balzac, dont l'approbation avait alors tant de poids[1]. Vaugelas lui-même, qui ne jurait d'abord que par Coeffeteau, trouvait si belles les traductions de Nicolas Perrot qu'il refaisait son Quinte-Curce sur leur modèle, tant il trouvait le style de leur auteur, «clair, débarrassé, élégant et court[2]». On sait que Ménage trouvait à reprendre dans ces versions «admirées de tous les illustres du siècle et les nommait malicieusement de belles infidèles[3]». Elles le sont en réalité. Que les doctes et les gens de grec et de latin[4] s'en scandalisent, c'est leur droit, mais les amis des lettres françaises ne peuvent que s'en applaudir. L'infidélité même de ces versions est un de leurs mérites[5]. C'est en dépaysant les pensées antiques, en les adaptant, comme on fait aujourd'hui pour les romans anglais, aux habitudes de l'esprit français, que l'on a préparé nos écrivains à n'être plus de simples copistes mais à devenir des originaux[6]. «Je ne m'attache pas toujours, disait d'Ablancourt lui-même dans la *Préface* de son *Lucien*, aux paroles ni aux pensées de cet Auteur ; et demeurant dans son but, j'agence les choses à notre air et à notre façon. Les divers temps veulent non seulement des paroles, mais des pensées différentes, et les Ambassadeurs ont coutume de s'habiller à la mode du Pays où on les envoie, de peur d'être ridicules à ceux à qui ils tâchent de plaire. Cependant cela n'est pas proprement Traduction, mais cela vaut mieux que la Traduction ; et les Anciens ne traduisoient point autrement. »

Ces idées sont assurément fort contestables, mais elles venaient à leur heure et firent fortune. Le disciple de Patru ne

---

[1] *Lettres* de Jean Chapelain, CLXII à M. de Balzac, 10 mai 1638, tom. I, pag. 234.

[2] *Vie d'Ablancourt*, pag. 945.

[3] Tallemant des Réaux, *Ménage*, tom. V, pag 215.

[4] L'expression est de Conrart.

[5] Sainte-Beuve en convient.

[6] Patru dans la *Vie d'Ablancourt*, pag. 946, dit des versions de son ami : « Ses expressions vives et hardies sont si éloignées de toute servitude, qu'en lisant ces traductions, on pense lire des originaux et non pas des traductions. »

tarda pas à former une école. Devenu célèbre et universellement
applaudi, il demeura non seulement l'ami, mieux encore le frère
de son premier maître[1], mais il continua à prendre docilement
ses avis, et le chargea de repasser et de corriger tous ses ouvrages.

Patru fut, du reste, pendant plus de quarante ans, le correc-
teur universel. Beaucoup, comme le P. Bosc, auteur de
l'*Honnête Femme*, comme Rangouze, lui demandèrent de rhabiller
leurs œuvres[2]. Tous les écrivains, soucieux de la pureté, sou-
mirent leurs ouvrages à sa censure. Après avoir été par ses
exemples un des maîtres de l'éloquence judiciaire, il est devenu,
par ses avis, par ses critiques, par la direction qu'il donna aux
esprits, un des maîtres les plus utiles et les plus respectés de
notre langue. Aussi, comme on cherchait des ressemblances aux
hommes illustres du temps parmi les anciens, il fut nommé le
Quintilien français. Ainsi que le rhéteur hispano-romain, il avait
débuté par le barreau et, comme lui, avait été la gloire de la toge
nationale[3]; il avait commencé comme lui à rendre le goût plus
sévère ; comme lui il avait fait de Cicéron le maître suprême de
l'éloquence. Enfin, à l'instar de l'avocat littérateur, il se distinguait
à l'audience par un talent tout particulier pour l'exposition des
faits ; il excellait à tracer les grandes lignes du sujet, à établir
la cause, *ponere causam*, suivant l'expression romaine. Ici devrait
s'arrêter la comparaison. Quintilien pendant vingt ans a donné
des leçons publiques, et quand est venue l'heure de la retraite
les a condensées et fondues dans un grand traité oratoire. Patru,
toujours partagé entre la vie active et la vie méditative, n'a rien
fait de tout cela. Malgré l'attente de ses amis et ses propres
désirs, il n'a pas tenu la promesse faite en son nom par Vaugelas.
Il n'a pas été le Quintilien français. Aussi Boileau ne l'appelle-t-il
pas Quintilien, mais Quintilius[4]. Les lecteurs de l'*épître aux*

[1] Jal. *Dict. crit.* V. Patru, lettre à Colbert.
[2] V. Tallemant, *Madame d'Alis*, tom. IV, pag. 143. Rangouze, tom. V, pag. 3.
[3] *Gloria Romanæ, Quintiliane, togæ.* Mart. II, 90.
[4] *Lettre à Brossette* du 3 juillet 1703. — M. Livet, *Hist. de l'Acad.*, tom. II, pag. 154, a lu, par inadvertance, *Quintilien* et non *Quintilius*.

Pisons sont familiers avec le nom de ce censeur intraitable,
parent de Virgile et ami d'Horace, qui disait sans façon :
« Corrigez ceci, je vous en prie, retouchez cela. — Mais je n'ai
pu faire mieux, je l'ai vainement essayé deux ou trois fois. —
Effacez alors et remettez sur l'enclume les vers mal forgés. — Et,
si l'on aimait mieux défendre sa faute que de la corriger, il n'ajoutait plus un mot, et sans prendre une peine inutile il vous
laissait seul et sans rival vous admirer vous et vos ouvrages[1]».
Peut-être Patru n'avait-il pas le calme de Quintilius, mais ce
rôle d'Aristarque minutieux et intransigeant était bien le sien ;
Boileau eut souvent à souffrir de ses duretés.

Toutefois, dans cette patiente formation de notre langue et de
notre style, Patru ne borna point son action à ce rôle tout négatif
de censeur vigilant et rude. Non seulement il corrige et redresse,
mais il enseigne. S'il n'écrit pas de traité comme Quintilien, s'il
n'a pas de cours en règle, il donne, quand on lui en demande,
des leçons pour bien parler et pour bien écrire. « C'était, — dit le
P. Dominique Bouhours un bon juge assurément, — l'homme du
royaume qui savait le mieux notre langue. » Sainte-Beuve le
compare ingénieusement, mais avec trop de désinvolture, à un
«maître à danser». Soit, mais ce maître à danser peut, avec plus
de raison que celui de M. Jourdain, déclarer sans rire : « Il n'y a
rien qui soit si nécessaire aux hommes que la danse[2]. » Rien de
plus nécessaire, en effet, que d'apprendre à une génération qui
ne le savait pas, à se servir de notre langue conformément à son
génie, que de préparer un instrument aux écrivains de race qui
allaient venir. Ces écrivains, du reste, se sont bien gardés de
méconnaître l'utilité de cette longue et salutaire élaboration de
notre idiome, et n'ont pas manqué de rendre à ceux qui l'ont
accomplie un hommage aussi légitime qu'éclairé. « L'éloquence
est morte, disait Bossuet, en 1671, dans son discours de réception à l'Académie, toutes les couleurs s'effacent, si on ne s'ap-
plique avec soin à fixer en quelque sorte les langues et à les

---

[1] Horat. *Epist. ad Pison*, v. 439 à 144.
[2] *Bourgeois gentilhomme*, act. I, scène 2.

rendre durables.... Qui ne voit, dit-il encore, qu'il falloit, pour
la gloire de la nation, former la langue françoise, afin qu'on vit
prendre à nos discours un tour plus libre et plus vif, dans une
phrase qui nous fût plus naturelle, et qu'affranchis de la sujétion
d'être toujours de faibles copies, nous puissions enfin aspirer à
la gloire et à la beauté des originaux.» Et, résumant en quelques
mots le résultat de ce travail si méritoire, Bossuet adresse cet
éloge à l'Académie : « Nous pouvons dire, Messieurs, que la jus-
tesse est devenue par vos soins le partage de notre langue, qui
ne peut plus rien endurer ni d'affecté, ni de bas, si bien qu'étant
sortie des jeux de l'enfance et de l'ardeur d'une jeunesse empor-
tée, formée par l'expérience et réglée par le bon sens, elle
semble avoir atteint la perfection qui donne la consistance. »
Ces derniers mots caractérisent à souhait les services rendus par
les formateurs de notre langue au xviiᵉ siècle. La régler, la diriger, l'éclairer sur son véritable génie, la fixer autant qu'on peut
fixer une langue, la rendre naturelle à la pensée française, ce
fut leur œuvre.

N'est-ce pas la ravaler, que de les comparer, par une conces-
sion dédaigneuse, à des maîtres à danser ?

Nous avons montré la part de Patru dans cette œuvre si
nécessaire. Il eut un autre mérite; il eut l'honneur d'avoir
Despréaux pour disciple et d'initier à la tradition de ses contemporains l'homme qui devait la reprendre, la compléter, et en
faire, pendant deux siècles, la règle même de l'art français.

II.

On ne connaît pas la date des premières relations de Boileau
Despréaux avec Patru ; néanmoins il est plus que probable qu'elles
commencèrent de fort bonne heure, et que le poète, né dans le
greffe, fut admis, dès sa jeunesse, dans la familiarité de l'avocat académicien.

Celui-ci n'était-il pas l'ami et le conseiller de son frère Gilles,
et, dans la bruyante querelle de ce dernier avec Ménage, n'avait-

il pas vainement essayé de jouer le rôle de conciliateur? Ne
pouvant servir d'arbitre aux deux adversaires, n'avait-il pas, par
amour de l'art sans doute, impartialement offert de corriger les
écrits de l'un et de l'autre?[1] Nicolas s'essayait vers cette époque à mettre en français la troisième satire de Juvénal : aucun
document ne dit expressément qu'il ait alors communiqué ses
ébauches à l'illustre Aristarque, mais on voit dans cette première
œuvre la preuve qu'il le connaissait déjà. Le vers malicieux :

> Où Patru gagne moins qu'Huot et Le Mazier,

n'est pas d'un indifférent: c'est la plainte d'un admirateur sym-
pathique, sinon d'un disciple et d'un jeune ami[2].

Cette première satire fournit encore un autre indice. Quel en
est le héros? A qui Nicolas pensait-il, quand il représentait

> Cet auteur si fameux dont la muse fertile
> A charmé tant de fois et la Cour et la Ville[3] ?

«Damon», a-t-il écrit dans une note conservée parmi ses manuscrits, « est un peu chimérique. Toutefois j'ay eu quelque veue à
Cassandre, celui qui a traduit la rhétorique d'Aristote»[4]. François
Cassandre mort en 1695 était, en effet, un écrivain toujours
malheureux. Il vécut en misanthrope et ne voulait pas à son lit
de mort se réconcilier avec Dieu[5]. Quoiqu'il soit un traducteur
très estimable, et qu'il fit assez bien les vers français, je ne trouve
nulle part qu'il ressemble à un grand ou fameux auteur et qu'il

---

[1] On lui répondit (à Ménage)... «Vous ne sauriez vous plaindre qu'on corrige
ce qu'il fait contre vous; on corrigera de même ce que vous ferez contre lui.»
Tallemant. *Ménage*, 2e édit., tom. VII, pag. 64 ; 3e édit. V, pag. 238.

[2] *Sat.* 1., v. 123. Il est à remarquer pourtant que ce vers ne se trouve pas
dans l'édition « monstrueuse». L'auteur n'y nomme ni Patru, ni Le Mazier et
Huot — il se contente de dire : La chicane être en règne et Champion plaider ?
Le vers cité ci-dessus n'apparaît que dans l'édition de 1666, la première que
Boileau ait avouée.

[3] Je cite le texte primitif, c'est en 1666 que Boileau a commencé le premier
vers par Damon, etc. V. Berriat, tom. 1, pag. 63, note 2.

[4] *Correspondance entre Boileau Despréaux et Brossette*, par Auguste Laverdet
Paris, Techener 1858. *Supplément*, pag. 473.

[5] *Lettre de Boileau à Maucroix* du 29 avril 1695. édit. Berriat, tom. IV, pag. 64.

ait charmé tant de fois et la Cour et la Ville. Il faut accorder
quelque chose à la rime et à l'emphase poétique.

Qu'importait d'ailleurs le plus ou moins de valeur littéraire du
personnage? Le poète qui risquait ses premiers pas dans la
satire voulait avant tout substituer au héros feint ou réel, mais
à coup sûr très insignifiant de Juvénal, un homme de son temps.
Il a dû certainement regarder autour de lui et y chercher non
pas, comme on l'a dit[1], un gredin contraint de s'exiler, mais un
malheureux à l'humeur bourrue et farouche, devenu misanthrope à force de misère et rendu incapable de toute société. Ce
type achevé de la malechance et du désespoir, il avait eu l'occasion de le rencontrer et de l'entendre souvent se plaindre des
hommes et de la destinée. Il l'avait vu, sans habits, sans argent,
ne sachant plus que faire, distiller sa rage contre le sort[2].

Mais où l'avait-il connu? Chez son frère Gilles peut-être, plus
probablement encore dans la maison de Patru, dont Cassandre
était de longue date un des familiers.

L'avocat bel esprit avait, en 1677, le pauvre diable pour secrétaire, « sans appointements » et dans une lettre écrite le 4 avril de
cette année au chanoine de Reims, François de Maucroix, l'appelle « notre ancien camarade[3] ». Ce qui fait remonter leur commerce à plus de trente ans, jusqu'à l'époque de la régence d'Anne

---

[1] *Satires de Juvénal traduites* par J. Dussaulx, 4ᵉ édition. Paris, Merlin,
1803, in-8ᵒ tom, 1, pag. 105, 106. — Boileau, dans les vers 13 à 16 ne s'est
pas aperçu qu'en chargeant le caractère de Damon de ce trait du bonnet vert, il
ôtait de l'intérêt à son héros. Mais il voulait amener ce joli vers final, «flétrisse
les lauriers qui lui couvrent le front».

[2] *Sat.* 1. 2. 9. François Cassandre, disait le 8 oct. 1702 Despréaux à Brossette, étoit un bourru, éloigné et incapable du commerce des hommes. Il vivoit
comme un loup, il empruntoit de l'argent là où il pouvoit, et tant que cet argent
duroit, il ne sortoit pas de son trou jusqu'à ce que, l'argent étant fini, la faim
l'obligeoit de sortir. *Brossette sur Boileau*, manuscrit de la bibliothèque nationale,
fonds français 15275, pag. 67. *Appendice* de la *Corresp.* éd. Laverdet, pag. 524,

[3] *Lettre* publiée par l'abbé d'Olivet *Histoire de l'Académie française*, tom. II,
pag. 51, note.

d'Autriche et de la Fronde. On sait qu'en ces temps de morale
indulgente et facile,

> Les vices délicats se nommaient des plaisirs [1].

Maucroix et Patru, comme la plupart de leurs amis, ne se
faisaient pas faute des divertissements à la mode. Cassandre se
montrait dès lors ce qu'il devait être plus tard, une espèce de
philosophe chagrin et rêveur. Il était cependant « affolé de la
rime »et faisait même des «vers fort plaisants».Mais il ne se mêlait
point aux ébats de la bande joyeuse. Maucroix, qui l'appelle
pourtant notre intime, le dépeint en effet comme

> Antipode du cabaret,
> Ennemi du blanc et clairet,
> Ennemi de la douce vie.

et mettant ses délices à voir bâtir [2].

C'était donc uniquement pour Patru une sorte de client littéraire, un de ces écrivains qui se formaient à son école. Il lui
inspira peut-être la pensée de mettre en français la rhétorique
d'Aristote ; du moins quand on voit Conrart et d'Ablancourt [3]
encourager le jeune traducteur, on a le droit de deviner qu'Olivier
n'était pas loin.

Boileau ne se borna point à songer vaguement à Cassandre
dans sa première satire, il ne le perdit jamais de vue et, devenu
lui-même auteur à la mode, essaya de lui rendre service. Tandis
qu'il se disposait à publier sa traduction de Longin, le secrétaire
de Patru préparait de son côté une seconde édition de sa version
d'Aristote. Pour faire vendre ce dernier livre, et afin que le

---

[1] Saint-Evremond à Mlle de Lenclos (Edit. de Londres, 1725, tom. III, pag. 76).

[2] Maucroix, OEuvres diverses, publiées par Louis Paris. Paris, Techener, 1854;
Poésies, livre II (1647, 1654) épîtres, IV et XVIII, à Cassandre, tom. 1, pag. 53
et 68.

[3] Préface de la rhétorique. Lettre d'Ablancourt à Cassandre, datée de Vitry,
le 9 nov. 1654. Ces deux pièces se trouvent dans l'édit. de 1654. M. Bourgoin,
Conrart, pag. 112, dit que Cassagne dédia à Conrart sa Rhétorique d'Aristote en
1674. Il ne s'agit pas de Cassagne, mais de Cassandre, et l'édition de 1674, ou
plutôt de 1675, est dédiée à Colbert.

libraire fît quelque gratification à ce pauvre auteur [1], au milieu même de l'impression de son propre ouvrage il intercala dans sa préface l'éloge de l'édition nouvelle. Vanter n'était guère dans ses habitudes, mais pour cette fois il loua sans aucune réserve, « sa lecture, disait-il, en annonçant le livre au public, m'a plus profité que tout ce que j'ai jamais lu en ma vie [2] ».

Despréaux disait dans la suite à Brossette qu'il n'avait écrit cette réclame que « par charité [3] ». N'était-ce pas aussi par complaisance pour son vieil Aristarque ? Celui-ci, comme nous le verrons plus bas, était alors dans la gêne et ne pouvait payer les gages ni de son secrétaire Cassandre, ni de son lecteur l'avocat P. Richelet, et s'ingéniait à trouver des moyens de leur procurer des ressources [4] ; Boileau, qui vers la même époque venait généreusement au secours du maître, lui rendait encore service en étendant sa libéralité jusqu'au secrétaire [5].

Les relations entre le jeune satirique qui n'était plus à se faire connaître et l'ancien avocat étaient alors des plus intimes [6]. Elles avaient commencé d'une manière obscure et cachée pour nous, au début même de la carrière poétique de Despréaux ; dans la

---

[1] Mss. de Brossette, pag. 67. Append. Laverdet, pag. 524.

[2] «C'est l'ouvrage de plusieurs années ; je l'ai vu et je puis répondre au lecteur que jamais il n'y a eu de traduction, ni plus claire, ni plus exacte, ni plus fidèle.» Édit. Berriat, tom. III, pag. 286, note 2. Boileau supprima le passage en 1683, parce que, dit Desmaiseaux, pag. 109, « l'ouvrage alors n'était plus nouveau». — Cette explication est probable : il faut cependant faire remarquer qu'en 1683 Patru était mort depuis deux ans. Lettre à Maucroix, Boileau, tom. IV, pag. 64.

[3] Mss. de Brossette, pag. 67.

[4] C'est dans ce but qu'il écrivit à Maucroix la lettre citée plus haut. « Ils me demandent leurs appointements », y disait-il plaisamment. Le moyen de payer ces gages, c'était d'aider Richelet à composer son dictionnaire.

[5] Boileau ne paraît pas s'être borné à recommander la Rhétorique, il donna des secours pécuniaires. C'est du moins le sens de cette note de Richelet : « S'il (le mérite) ne va à l'hôpital il ne va pas loin. Cass (andre) y seroit sans Mauc (roix) et Desp (réaux)». Les plus belles lettres, etc., pag. 171, note 9.

[6] On pourrait citer parmi leurs amis communs l'abbé d'Aubignac. Mais rien n'indique que Patru en ait procuré la connaissance à Boileau. Notons que l'un et l'autre ont fait l'éloge de la Macarise. OEuvres de Patru, pag. 740; de Boileau, tom. II, pag. 447.

suite elles allèrent toujours en se resserrant, si bien qu'en 1667
le satirique, déjà célèbre, proclamait hautement son admiration
dans ce vers délicatement ironique :

Pelletier écrit mieux qu'Ablancourt ni Patru[1].

Quand il entra dans la familiarité du vieil avocat, l'académicien,
le grammairien, l'homme de lettres avaient tout à fait pris le pas
sur le jurisconsulte. Patru s'était même insensiblement créé, con-
curremment avec son métier du Palais, une profession parallèle.
Non seulement il était critique consultant, il était encore correc-
teur juré des écrivains soucieux d'écrire purement, fournisseur
achalandé de préfaces et de belles périodes. On allait à lui, dit
Sainte-Beuve, comme on allait à un écrivain public, comme à
un homme *qui avait* une belle main. Comparaison spirituelle
sans doute, mais qui cloche et choque par son injustice. L'écrivain public n'est qu'un manœuvre de plume, il copie servilement
des formules apprises et banales, tandis que Patru renouvelait sa
langue par une étude obstinée, et avait lui-même créé sa manière.
On allait à lui comme à un artiste, comme à un maître judicieux
qui, suivant l'expression de son disciple Richelet, savait à fond ce
que notre langue a de plus fin et de plus délicat et qui, dans
l'éloquence du barreau, avait trouvé une route nouvelle et
pleine de charmes[2].

Nous n'avons malheureusement sur les rapports de ce maître
si estimé et si recherché avec Despréaux[3], que de brèves indi-
cations, éparses et sans suite et généralement assez vagues.

---

[1] *Sat.* IX. v. 290.

[2] *Nouveau dictionnaire françois. Avertissement.* Cf. Sainte-Beuve. *Causeries
du lundi*, tom. V, pag. 282.

[3] Richelet, *ibid.*, pag. 169, note d. en parle ainsi : Les Messieurs de ma connaissance qui ont consulté M. Patru, ce sont Perrot d'Ablancourt, Boileau, Despreaux
(et non *Boileau-Despréaux*, comme l'écrit M. Livet (*Hist. de l'Acad. fr.*, II, pag.
154), note 3. On a remarqué, dit M. Bourgoin, *l. l.* pag. 114, note 1, qu'au
XVIIe siècle Gilles est toujours appelé du nom de Boileau, Nicolas du nom de
Despréaux. — L'observation est vraie en général : cependant lorsque Gilles fut
mort son frère cadet est parfois appelé Boileau. On trouve même dans les Mss de
Conrart, no 5420, tom. XI, in-fol. no 175, pag. 829, un virelai dirigé contre
Despréaux où il est appelé «cet insolent de Boisleau ».

Ces renseignements suffisent néanmoins à faire comprendre quelle a été l'action du vieil avocat sur le jeune poète. Il y avait entre eux des affinités de situation, des ressemblances de nature qui devaient nécessairement la favoriser.

Tous deux sortis de la bourgeoisie parisienne, enfants l'un et l'autre de la basoche, ils n'avaient pas seulement une origine commune, ils étaient rapprochés par certaines analogies d'humeur et de caractère. Ils étaient, malgré leur tournure d'esprit gauloise, également sérieux au fond. Ils aimaient l'un comme l'autre les lettres, avec désintéressement, pour elles-mêmes, sans autre préoccupation que le plaisir et la gloire qu'elles procurent, sans en attendre d'autre profit que ce plaisir et cette gloire. Tous deux leur firent de généreux sacrifices. «L'amour des lettres a ruiné ma fortune », écrivait Patru[1], Despréaux ne ruina pas la sienne, mais il ne songea jamais à la faire par le moyen de la poésie.

> «Travaillez pour la gloire et qu'un sordide gain
> Ne soit jamais l'objet d'un illustre écrivain »,

a-t-il dit dans son *Art poétique.* Sans prendre trop à la lettre la déclaration un peu fastueuse que l'on trouve dans une lettre à Colbert: « Je ne suis pas homme à tirer tribut de mes ouvrages», on ne saurait le confondre avec ces auteurs

> Qui, dégoûtés de gloire et d'argent affamés,
> Mettent leur Apollon aux gages d'un libraire
> Et font d'un art divin un métier mercenaire[2],

[1] Lettre à Montausier, *OEuvres*, pag. 908.

[2] L. Racine, *Mém.* pag. 57 et le *Bolœana*, pag. 8, affirment que Boileau ne tira jamais aucune rétribution de ses ouvrages. Il n'a jamais parlé lui-même d'une manière aussi catégorique. Dans une lettre de 1674 à Colbert (tom. IV, pag. 8), il dit à propos du privilège de ses œuvres: «J'étois tout consolé du refus qu'on en avoit fait à mon libraire, car c'étoit lui seul qui l'avoit sollicité, étant bien éveillé pour ses intérêts et sachant très bien que je n'étois point homme à tirer tribut de mes ouvrages. « La phrase prouve seulement qu'il ne songeait pas à ses intérêts comme Barbin. — Il écrit à Brossette le 16 juin 1708 (*Ibid.*, pag. 444): « Quelquefois même, à l'heure qu'il est, je me persuade que je suis encore ce même ennemi des méchants vers qui a *enrichi* le libraire Thierry »; dire qu'on a enrichi son libraire, ce n'est pas affirmer qu'on n'a soi-même retiré aucun profit de ses

Outre le désintéressement, Despréaux avait, de commun
avec Patru, la passion de la vérité. Sans doute l'amour-propre
lui fit souvent illusion surtout dans sa vieillesse et parfois l'on
est obligé de mettre en doute, non pas sa parole, mais sa
juste appréciation des choses : sa sincérité, sa loyauté, sont
toujours hors de cause. Aucune considération n'arrête sa verve
malicieuse ; enclin à blâmer, à dire des vérités désagréables,
il ne se gêne jamais pour le faire, et ses traits, toujours sincè-
res, n'épargnent personne. Ses amis ne sont pas à l'abri ; sa
famille lui fournit, en abondance, les observations les plus plaisantes [1]. Ce censeur intraitable trouvait un modèle dans Patru,
est-il étonnant qu'il ait choisi pour maître ce critique impitoyable ?
Plus tard, quand il aura fait sa trouée, il le jugera parfois in-
commode, il trouvera qu'il est trop minutieux, qu'il s'acharne
à des vétilles, chicane sur des pointes d'aiguille ; il jouera familièrement sur la ressemblance de son nom français, avec le mot
latin *patruus*, dont le sens métaphorique désignait un homme
sévère, un personnage grondeur.

C'est que, malgré ses recommandations si sages sur l'utilité
des ennemis, malgré le vers fameux :

Aimez qu'on vous conseille et non pas qu'on vous loue.

ouvrages. Le privilège du 28 mars 1674 est donné à Boileau et lorsque, le 7 juillet, il le céda à Thierry, avec charge d'y associer Billaine, Barbin et la Veuve
Lacoste, il me paraît difficile à croire qu'il n'ait stipulé aucune rétribution. La vérité n'est-elle pas dans ces vers de l'art poétique placés à la suite de ceux que nous
avons cités : Je sais qu'un noble esprit peut sans honte et sans crime tirer de
son travail un tribut légitime. *Art poét.* ch. IV, v. 125 à 126. « Corneille et
Racine, dit Richelet, dans son *Dictionnaire* au mot *copie*, font bien valoir leurs
copies parce qu'elles sont bonnes, et ils en tirent de quoi faire bouillir leur mar-
mite.»

[1] C'est ce que ne pouvait admettre l'honnête Berriat. De là son acharnement
contre Brossette, qui n'a eu d'autre tort que de reproduire, plus ou moins exactement, les indiscrétions de Boileau sur les siens. La principale et souvent
l'unique raison qu'il ait pour récuser le témoignage de l'avocat lyonnais, c'est qu'il
n'est pas admissible que Despréaux se permette de telles énormités contre sa
famille, ses amis et des écrivains illustres comme Corneille. Voilà des procès de
tendance qui peuvent produire quelque effet dans un mémoire de justice, mais qui
ne prouvent rien contre des faits constatés.

Despréaux était homme et que souvent il préférait la louange au
conseil[1]. Mais dans sa première jeunesse, quand il se risquait à
communiquer ses ébauches, il ne regimbait pas contre l'aiguillon.
Pour lui qui débutait, ce rude censeur était un modèle aussi bien
qu'un maître, il ne le discutait pas encore et le subissait autant
qu'il l'admirait[2].

Qu'a-t-il appris dans son commerce? Tout d'abord il reçut de
lui la tradition vivante de cette école réformatrice dont Patru
était l'un des chefs les plus autorisés, et qui cherchait, depuis un
demi-siècle, à épurer la langue, en même temps qu'à la fixer. Par
lui surtout il tendit la main à Vaugelas et à Malherbe. Ne le perdons
pas de vue, l'avocat parisien fut le collaborateur et l'héritier du
grammairien savoyard. Non seulement il l'éclaire de ses lumières et de ses avis, il travaille sur les mêmes principes et avec la
même méthode. Le célèbre Faret, compatriote de l'auteur des
Remarques, né comme lui dans la Bresse avant qu'Henri IV eût
réuni ce pays à la couronne, disait de son ami, dès l'année 1626:
«Pour être des derniers Français, il ne laisse pas de pouvoir en-
seigner aux plus anciens le vrai visage de leur langue[3].» Cette
connaissance, Patru n'a pas besoin qu'on la lui donne, il observe,
il étudie de son côté et se tient, aussi bien que le gentilhomme
de Savoie, au courant des progrès et des changements de l'usage.
Et quand Vaugelas meurt, peu de temps après avoir achevé sa
tâche par l'impression de son livre, il le remplace pour ainsi dire
et le continue pour transmettre ses doctrines à la génération suivante. Car l'excellent et agréable Patru[4] a l'heureux privilège
d'aimer la jeunesse et d'en être aimé. Ses devanciers le comptaient,

---

[1] On en trouve la preuve dans une lettre à Brossette, dont Boileau cependant
ne pouvait suspecter le zèle. *Corresp. entre Boileau Despréaux et Brossette*, éd.
Laverdet, pag. 153, 2 Aoust 1703. Voy. pag. 161, lettre du 29 septembre.

[2] On a cru reconnaître le portrait de Patru, dans ces vers de l'*Art poétique*:
Un sage ami, etc., ch. I, v. 199 à 207. Mém. de Niceron, tom. VI, pag. 213.

[3] Faret, l'auteur de l'*honnête homme*, s'exprime ainsi dans une lettre à une
autre compatriote Bachet de Méziriac datée du 4 mai 1626. (*Recueil d. lettres
nouvelles, publiées par Faret*. Paris, Toussaint et Bray, 1627, In-8° lettre IX.)

[4] Expressions de Richelet dans son dictionnaire.

au témoignage de Bouhours, parmi les oracles de la langue,
quand il n'était que dans la fleur de ses années[1]. Son crédit aug-
mente avec l'âge, mais en avançant dans la vie il reste jeune
et se plaît dans la compagnie des jeunes. Plus vieux de quinze ans
que le chanoine de Reims, François de Maucroix, plus âgé que
des Réaux, l'indiscret conteur, il les tutoie tous deux, encourage
les essais poétiques du premier, et fait de l'autre un confident
de ses aventures. Cassandre et Richelet sont ses camarades : il
donne des conseils à La Fontaine, il s'intéresse à Gilles Boileau
et essaye vainement de le réconcilier avec Ménage[2]. Enfin, et
c'est là peut-être son titre principal à l'estime de la postérité, il
transmet l'héritage de Vaugelas d'une part à Despréaux, de l'autre au jésuite Dominique Bouhours. Avec le culte de la langue, il
enseigne à ses élèves un autre secret de son art, la nécessité du
travail difficile. Boileau, disposé par nature à la sévérité pour
soi-même, n'eut aucune peine à se régler sur cet esprit exigeant ;
on dirait que les vers célèbres

> Vingt fois sur le métier remettez votre ouvrage,
> Polissez-le sans cesse et le repolissez,

sont directement inspirés par cet écrivain timoré dont on a dit :
Le soin exclusif qu'il apportait à la correction de ses ouvrages lui
donnait le temps de vieillir sur une période[3].

   Il faut avouer cependant que le maître se montrait encore plus
superstitieux que le disciple. Mais c'était, pour ainsi dire, une
nécessité de son œuvre. Les auteurs de ce temps ne sont pas à
proprement parler des écrivains, ce sont des essayistes, si l'on
peut franciser ce terme, en lui rendant son sens étymologique.
Montaigne s'essayait à penser, eux s'essayent à écrire. Est-il

---

[1] Bouhours ; *Remarques sur la langue françoise*, tom. I, Épitre à Patru, Cf.
Les plus belles lettres, etc., pag. 169.
   [2] *Lettre à Maucroix* publiée par d'Olivet, *Hist. de l'Académie*, tom. II, pag.
51 ; Maucroix, *OEuvres diverses*, éd. Louis Paris, tom. I, pag. 62 ; Tallemant des
Réaux, *historiettes de Mme Levesque et de Ménage* ; *Préface des Fables* de La
Fontaine.
   [3] d'Olivet ; pag. 157. Cf. *Art poétique* I, v. 172.

étonnant qu'ils remettent souvent leur ouvrage sur le métier[1]?
Voiture voulant se moquer de Vaugelas, qui ne publia qu'en 1647
des *Remarques* commencées avant l'avènement de Richelieu au
pouvoir, lui avait appliqué ce distique de Martial :

> Eutrapelus tonsor, dum circuit ora Luperci
> Expungitque genas, altera barba subit.

« Tandis que le barbier Eutrapelus fait le tour du visage de Lu-
percus en lui rasant les joues, survient une barbe nouvelle. »
Voilà l'image exacte des changements arrivés pendant cette
période d'évolution et de préparation.

Chapelain, au commencement de sa carrière, fait la traduction
de *Guzman d'Alfarache*, le style en est tellement différent de ce
qu'il écrira plus tard qu'il semble impossible qu'il en soit l'auteur[2].
Vaugelas avait entrepris depuis longtemps sa fameuse version
de Quinte-Curce, en suivant le style de Coeffeteau : quand paraît
l'Arrien de d'Ablancourt, il quitte le modèle qu'il avait tant
admiré, et refait tout son livre[3]. Patru lui-même publie en 1638
une première traduction du discours pour Archias, il en fait une
seconde, qui ne fut imprimée qu'en 1670 : ces deux traductions
sont tellement différentes l'une de l'autre, qu'on n'y trouve presque point de tours qui se ressemblent, presque point de phrases
qui soient entièrement les mêmes dans les deux éditions[4]. Pour
les hommes de ce temps, la langue est comme la toile de Pénélope,
ils défont la nuit ce qu'ils ont tissé pendant le jour. Boileau prit
d'eux l'habitude et le besoin de recommencer sans cesse.

Il avait appris de la pratique de Patru à se hâter lentement :
la doctrine et les exemples de ce guide respecté lui enseignèrent
comment il fallait traduire et imiter les anciens. Pas d'imitation

[1] Martial ; *Épigrammes* ; VII, 82, V. Pellisson, *Hist. de l'Académie*, tom. I,
pag. 50.

[2] *Hist. de l'Académie*, tom. II, pag. 126, note 5 et ce qu'en disent d'Olivet et
M. Ch. Livet.

[3] *Vie d'Ablancourt*, pag. 915.

[4] d'Olivet, pag. 155, 156.

servile et gênée, une traduction libre, aisée, conforme surtout
au génie de notre langue, un tour vif et facile, qui donne l'idée,
non d'une copie, mais d'une œuvre originale. Au collège le
jeune Nicolas avait reçu d'autres leçons. Il raconte plaisamment
le trait de son professeur de rhétorique, traduisant gravement
une métaphore de Cicéron : *Obduruerat et percalluerat respublica* :
la république s'était endurcie et était devenue insensible, par
ces expressions grotesques « la république s'était endurcie et
avait contracté un durillon [1] ». Et il riait de bon cœur en son-
geant à cette fidélité barbare. C'est qu'à l'école de Patru, l'intime ami de d'Ablancourt et le conseiller de Vaugelas, il avait
appris d'autres principes. Pour ces imitateurs intelligents de
l'antiquité, l'objet principal, le but à atteindre en traduisant,
c'était le progrès de notre langue, et l'on avait réussi à leurs yeux
quand on avait l'air français. Balzac le fait admirablement comprendre quand, le 26 février 1636, il remercie Vaugelas de
l'envoi de son *Quinte Curce*. On a retenu surtout de cette lettre
célèbre l'antithèse emphatique : « L'Alexandre de Philippe était
invincible et celui de Vaugelas est inimitable. » Mais on a laissé
inaperçu le motif qui peut justifier l'hyperbole. « Tout cela me
semble si français et si naturel, qu'il est impossible de remarquer une seule ligne qui sente l'original, et où le premier auteur
ait de l'avantage sur le second [2]. » Adapter et non copier, voilà
quelle est la méthode des traducteurs formés à l'école de d'Ablancourt ou de Patru, le trait distinctif entre l'imitation qui n'est
point un esclavage et l'imitation servile. Cette méthode, La Fontaine, ami de Patru, comme Boileau, et sans doute de plus vieille
date, l'a préconisée, en même temps qu'appliquée dans des vers
connus, mais pas assez célèbres à mon gré :

[1] X° *Réflexion critique sur quelques passages du rhéteur Longin*. Édit. Berriat,
tom. III, pag. 229 et 230. — Laplace, le professeur de Boileau, en voulait à
d'Ablancourt.

[2] *Œuvres de Balzac*, in-f°., tom. I, pag. 414. *Lettres*, livre IX, lettre XIII.
Voir ce que dit S. Evremond de d'Ablancourt. *Réflexions sur nos traducteurs*,
Œuvres, Londres, Tonson 1725, tom. III, pag. 131 et 132.

Je ne prends que l'idée, et les tours, et les lois
Que nos maîtres suivaient eux-mêmes autrefois.
Si d'ailleurs quelque endroit plein chez eux d'excellence
Peut entrer dans nos vers sans nulle violence,
Je l'y transporte et veux qu'il n'ait rien d'affecté,
Tâchant de rendre mien cet air d'antiquité[1].

Boileau sur ce point ne se comporte pas autrement que La Fontaine : on connaît l'éloge flatteur que La Bruyère a fait de lui dans son *discours à l'Académie* : « Celui-ci semble créer les pensées d'autrui et se rendre propre tout ce qu'il manie : il a, dans ce qu'il emprunte des autres, les grâces de la nouveauté et tout le mérite de l'invention. » Mais le fabuliste procède principalement par instinct, le satirique agit surtout par méthode, et cette méthode est celle de Patru.

On peut dire encore que Despréaux rencontra dans l'avocat réformateur l'exemple de ses haines vigoureuses contre tout ce qui était faux et affecté. Sur ce point celui-ci, dont on vantait l'humeur facile et complaisante, ne transigeait pas. Son ami d'Ablancourt nous l'atteste dans une lettre écrite de Leyde vers 1634. « Pour le moins si la réputation ne t'a pas changé, je t'ai vu autrefois autant de docilité qu'à moi, si ce n'est à souffrir parler d'éloquence ceux qui n'en savent pas bien la nature. car tu te mettois aux champs aussitôt[2] ». Cet homme docile et commode à vivre qui se met aux champs dès qu'il entend un ignorant raisonner de son art, c'est aussi Despréaux. Il devient alors rustique et fier, il ne retient pas la vérité captive, il ne la cache pas sous des formes adoucies, il part et se met en colère tout de bon. Patru put également apprendre à Despréaux à mépriser les pointes et toutes ces imitations frivoles du mauvais goût italien qui firent tant fureur au milieu du XVIIe siècle. Son sens naturel et le sérieux de son esprit le mirent de bonne heure en garde contre ces spécieuses bagatelles. Sur ce point d'Ablan-

---

[1] *Épître à Mgr l'Évêque de Soissons* (Daniel Huet). 1687, édit. Lefèvre 1838, tom. II, pag. 506.

[2] *OEuvres diverses* de Patru, pag. 075.

court est encore un témoin dont l'attestation ne laisse pas de
doute. Il avait, en écrivant à son ami, commencé à jouer sur un
mot, tout à coup il se ravise, s'arrête et ajoute : «C'est de toy
que j'ai appris à ne point rechercher ces petites enjoliveures dont
tout le monde fait tant de cas, et où mon esprit se portoit assurément, et encore avec quelque avantage et quelque apparence
d'y réussir [1] ». Cet aveu naïf est méritoire, il est surtout précieux
pour l'histoire du goût en France. Faut-il chercher dans les
conseils de Patru une des sources où s'inspirait l'auteur de
l'*Art poétique*, et reconnaître comme un souvenir de ces conseils
dans les vers bien connus ?

> Jadis de nos auteurs les pointes ignorées
> Furent de l'Italie en nos vers attirées.
> Le vulgaire ébloui de leur faux agrément
> A ce nouvel appât courut avidement [2].

Si sévère pour les jeux de mots, l'avocat parisien ne l'était pas
moins pour le burlesque. Ce genre effronté dont la contagion
infecta, pendant plus de trente ans, Paris et les provinces ne le
trouva jamais parmi ses approbateurs. La Ville et la Cour applau-
dissaient à l'envi les plaisantes saillies de Scarron, « le malade
de la Reine »; on le vit seul,

> Dédaigner de ces vers l'extravagance aisée,
> Distinguer le naïf du plat et du bouffon,
> Et laisser *tout le monde* admirer le Typhon [3].

Boileau, devenu vieux, disait à ses confidents : «Je ne saurois
entendre parler de Scarron que je ne frémisse [4] ». N'est-ce pas
après avoir écouté Patru qu'il a ressenti cette sainte horreur? Au
moins avait-il de qui tenir ?

Non pas que le vieil avocat fût lui-même entièrement étranger
au mauvais goût du siècle. Coquet dans sa jeunesse [5], il était

[1] *OEuvres diverses* de Patru, pag. 974.
[2] *Art poét.*, II, 105.
[3] *Menagiana*, 1729, III, 292. Cf. *Art poét.* I, v. 92 à 94.
[4] *Récréat. littéraires*, pag. 198.
[5] Expression de Tallemant.

resté galant dans son âge mûr et dans sa vieillesse. J'ai vainement, il est vrai, recherché sa trace dans le pays du Tendre dé-
crit par Mlle de Scudéry ; je ne le vois pas prendre part à la
journée des Madrigaux, et ne trouve pas son nom dans le dictionnaire des Précieuses. Il n'en était pas moins de son temps
et soupirait comme les autres par métaphore. Seulement ses
fadeurs ne portaient pas le vêtement léger des petits vers, il les
habillait de sa prose élégante et fleurie. Ses lettres à Olinde en
sont la preuve. Il y paraît sous le nom d'Aminte, dans la compagnie de Daphnis et d'Arimant[1]. Quand il les écrivit en 1659, il
avait les onze lustres complets, sous lesquels Boileau gémissait
dans la suite. Si le Céladon était sur le retour, l'Astrée était au
contraire dans la fleur de la jeunesse. Elle n'avait pas vingt ans
et se nommait Marie Le Vieux[2]. Sa beauté, du reste, lui attirait de
nombreux adorateurs. Maucroix lui demandait de l'aimer dans
un madrigal ingénieux[3], Conrart languissait pour elle, incertain
s'il devait être amant ou jaloux[4] ; un prédicateur de quelque
rénom, l'abbé de Moissy, était son alcoviste[5]. Mais elle ne répon-
dait à tous ces hommages que par l'indifférence[6]. Patru le constate, en termes galants et pleins d'afféterie : « A quoi songez-
vous, cruelle Olinde, s'écriait-il en gonflant sa voix, ne vous sou-
venez-vous plus du crédit et de Tendre et de Tendresse, et que
cette humeur sauvage est à peu près à la mode comme les collets

---

[1] *OEuvres diverses* pag 746 à 766. Ces lettres, au nombre de huit, ont été écrites du 7 octobre au 12 décembre 1659.

[2] C'est l'Urione du *dictionnaire des précieuses*. Voir édit. Ch. L. Livet, Paris,
Jannet 1856, tom. I, pag. 235.

[3] Maucroix, *OEuvres diverses*, édit. Louis Paris, 1854, tom. I, pag. 173.
Lettres, tom. II, pag. 71 à 80.

[4] *Mss.* de Conrart à l'Arsenal, in-fol. tom. X, pag. 84. Cf. Kerviler et Barthélémy, pag. 186. M. Bourgoin, pag. 270 et 340.

[5] Somaize, tom. I, 235, tom. II, 297.

[6] Maucroix, dont les lettres à Olinde sont d'ailleurs de bien meilleur goût que
celles de Patru, lui écrit : «Je vous aime chèrement, j'entends d'une amitié respec-
tueuse qui se tient dans le devoir, un peu en deçà de la tendresse : voilà comme
vous les voulez.» *OEuvres div.*, tom. II, pag. 77.

montés, les vertugadins et les autres affiquets du siècle passé[1]? »
Et les vieilles comparaisons des Sarmates, des Cannibales et
des Hurons reviennent sous sa plume, et l'habile prosateur se
plaint de n'être pas poète pour mieux dire à sa maîtresse : « Ce
n'est plus le soleil, mais Olinde qui fait pour moi et les belles et les
mauvaises saisons. Au milieu de l'implacable décembre, que je
sois devant votre feu avec vous, et s'il est possible avec Daphnis
et Arimant, l'esté sera venu pour Aminte, la terre sera couverte
de fleurs et de fruits ; les roses parfumeront nos jardins ; il y
aura des cerises et des pois verds[2] ». C'était là le style obligé
quand on s'adressait aux femmes, et Patru, l'ingénieux artisan
de phrases, devait trouver quelque plaisir à faire assaut de ga-
lanterie avec les rimeurs en vogue. Toutefois son bon sens n'était
pas tout à fait la dupe de son bel esprit. A ses exagérations précieuses, il semble parfois mêler un peu d'ironie, et se moquer
lui-même de ses tableaux et de ses peintures. Volontiers il en
rirait, du moins il se lasse assez vite de les prendre au sérieux.
Dans sa cinquième lettre, après un compliment dans lequel il a
mis toutes les fleurs de sa rhétorique, il baisse tout à coup le
ton : « Voilà, belle Olinde, un grand effort pour un homme qui a
une migraine abominable. Quittons la trompette, et prenons nos
flageolets ». Au demeurant, sous cet amas de fades hyperboles
et de louanges quintessenciées, il est facile de découvrir le but
de ces lettres. Mlle Le Vieux est une précieuse jeune et jolie qui
s'essaye dans le bel esprit, celui que l'on appelait autrefois le
beau Patru est heureux de lui servir de maître. Il la guide,
l'encourage et lui donne des leçons et des conseils. Voilà le fond
fort innocent de cette correspondance fleurie, le reste est de com-
mande et tout à fait dans le goût du temps[4].

[1] Œuvres diverses de Patru, pag. 762.

[2] Ibid., pag. 749.

[3] Ibid., pag. 759. — Voir aussi lettre 1, pag. 746; « Ce que les poètes appellent
la robe et le vêtement de la nature, » pag. 747 « au moins on le dit ainsi ».

[4] « Je m'estois persuadé que je pourrois estre vostre guide ; mais je voy bien
qu'il faudra se contenter de vous suivre, et de servir de quelque ornement à vostre

À l'époque où Patru payait ce tribut à la mode, Nicolas Despréaux se croyait aussi obligé d'avoir son Iris[1] , mais le moment
arrivait où le naturel allait réclamer et reprendre ses droits : les
lettres à Olinde sont de l'automne de 1659, précisément à la date
des *Précieuses ridicules* (18 novembre). Boileau n'attendit pas longtemps pour se ranger du côté de Molière : quant à Patru, nous
ne trouvons nulle part l'indication de ses sentiments sur notre
grand Comique. Mais on se tromperait très fort, si l'on jugeait
Patru sur les lettres à Olinde. S'il a sacrifié dans cette circon-
stance au bel esprit de son temps et s'est amusé aux colifichets
à la mode, il ne faudrait pas en conclure qu'il manquât de bon
sens et de discernement. Tous les témoignages sont unanimes à
proclamer le contraire. La Fontaine l'appelle un homme d'excellent goût. Bouhours lui écrit : « On peut dire, sans vous flat-
ter, que vous avez le sens le plus droit et le plus sûr qui fût
jamais[2] ». Boileau le nomme un critique très habile et le Quincti-
lius de notre siècle[3].

On peut donc affirmer, malgré la correspondance avec Olinde,
que Despréaux sur presque tous les points, où il passe à juste
titre pour le défenseur de la raison et du bon sens, avait ren-
contré les conseils et les sentiments de son vieil ami. Seulement celui-ci, timide et scrupuleux à l'excès, incapable d'une

triomphe. 5e lettre, pag. 758. Voy. lettre 1re, pag. 747, 718; — 2e lettre, pag. 750.
— 3e lettre, pag. 752 : «A vous dire vray je brûle de voir des fruits de votre
lecture » — lettre dernière, pag. 764. — Patru raconte et explique des apologues
à sa belle élève.

[1] Voir édit. Berriat, tom. II, pag. 431, 434, *Poésies diverses*, n° III et VI.

[2] La Fontaine, *Préface de ses fables*. — Bouhours, *Remarques nouvelles sur
la langue françoise*, Épître à Patru. — Bouhours dit, d'autre part (*Manière de
bien penser dans les ouvrages de l'Esprit*), édit. Paris, 1752, 4e dial., pag. 483.
Afin d'éviter le faux, l'affectation, le phébus, il seroit nécessaire de se proposer un
esprit droit, naturel, raisonnable et de se demander à soi-même. . «Cela auroit-
il contenté Patru?»

[3] *Corresp. de Boileau et de Brossette*, édit. Laverdet, lettre LXXXVI, pag. 153.
lettre LXXXIV, pag. 149. — Dans sa *lettre à Maucroix* (Ed. Berriat, IV, pag.
66), Boileau appuie son opinion sur Malherbe du sentiment de « notre cher ami
Patru ».

œuvre de longue haleine, devait rester à l'entrée du chemin
Fait plutôt pour diriger et guider que pour produire, il devait
montrer la route sans la parcourir. Il paraît même qu'à force de
pusillanimité il était plus capable de retenir que de donner
l'impulsion : il désapprouva le dessein qu'avait La Fontaine de
mettre les fables en vers : il voulut détourner Boileau de composer l'*Art poétique*. Conseils bien timorés, sans doute, mais qui
tiennent à des préjugés, à l'application rigide d'un système trop
étroit. Patru, comme la plupart de ses contemporains, avait pour
les exemples et les leçons des Anciens une vénération qui tenait
du fanatisme. L'art moderne devait se mouler éternellement
dans les formes établies par eux. La fable, la poésie didactique
elle-même, ne figuraient pas dans leurs cadres poétiques; leurs
dociles imitateurs avaient-ils le droit de les y faire entrer?
N'avons-nous pas vu Lessing, au siècle dernier, faire un crime
à La Fontaine d'avoir faussé le caractère de la Fable? Boileau
lui-même n'a-t-il pas obéi aux mêmes idées, quand il n'a pas
admis La Fontaine dans son *Art poétique*? Sans doute il n'a pas
compris assez largement le génie de cet irrégulier, on ne saurait
dire cependant qu'il l'ait complètement méconnu. Maintes anecdotes significatives prouvent le contraire. S'il se tait sur lui dans
son poème, une de ses raisons n'est-elle pas qu'à ses yeux ni
le conte ni la fable ne paraissaient des genres poétiques, n'ayant
pas été considérés comme tels par les grammairiens anciens.
Il n'en a pas parlé, mais s'est-il occupé davantage de la poésie
didactique? N'est-il pas étrange qu'un genre, illustré par Lucrèce
et Virgile, et dont Boileau donnait là même un modèle, soit
absent de son œuvre [1]? Et pourtant dans cet ouvrage le madrigal, si mièvre et si frivole, le vaudeville, dont le nom avec la
chose étaient en train de disparaître, avaient trouvé place. Ces

---

[1] Vauquelin de la Fresnaie est, comme Boileau, muet sur la fable et le conte,
V. l'édit. donnée par M. G. Pellissier de son *Art poétique* Paris, Garnier frères,
1885, in-18 jésus. Le P. de Colonia commence sa rhétorique par la définition de
la *Fable* et place ensuite la *Narration* et la *Chrie*. — Il faut dire cependant que
Boileau, lorsqu'il fait l'histoire de la poésie, nomme Hésiode et fait allusion aux
poètes didactiques. *Art poét.* Ch. IV, v. 146 à 152.

omissions ne seraient-elles pas comme un hommage à Patru, un acte de déférence pour ses scrupules ?

Ces scrupules étaient superstitieux sans doute, mais si le système était étroit, il se fondait sur des raisons spécieuses. Le Fabuliste nous les donne : « Il a cru, dit-il dans sa *Préface*, que le principal ornement (des fables) est de n'en avoir aucun ; que d'ailleurs la contrainte de notre poésie, jointe à la sévérité de notre langue, m'embarrasserait en beaucoup d'endroits, et bannirait de la plupart de ces récits la brièveté, qu'on peut bien appeler l'âme du conte, puisque sans elle il faut nécessairement qu'il languisse [1] ». La preuve que ces raisons ne sont pas frivoles, c'est le soin que le bonhomme met à les réfuter. L'on a contesté la valeur et l'exactitude de cette réfutation [2], mais il en fait implicitement une autre, il prétendait que les grâces lacédémoniennes ne sont pas tellement ennemies des muses françaises que l'on ne puisse souvent les faire marcher de compagnie, et il le prouve en les faisant marcher.

Quant à l'*Art poétique*, nous ne connaissons que bien vaguement ce qui s'est passé entre l'auteur et Patru. Boileau n'en dit rien lui-même et nous n'avons sur ce point que l'*Avertissement* de Brossette. On y voit qu'il ne s'agissait pas, comme au sujet des fables, d'un système arrêté, mais de craintes assez naturelles d'ailleurs et de difficultés prévues. Les unes et les autres, au lieu de détourner le jeune poète de son dessein, l'animèrent. Il se piqua d'honneur et se mit au travail. Patru ne lui tint pas rigueur; quand il vit le commencement de son poème, il changea de sentiment et l'exhorta bien sérieusement à continuer [3]. L'œuvre

---

[1] Lessing raisonne davantage, mais dit la même chose : Puisque la fable est faite pour nous rendre une vérité morale sensible, il faut que l'esprit puisse en embrasser l'idée d'un coup d'œil, il faut donc qu'elle soit aussi courte que possible.

[2] Lessing, et avant lui Bayle, *Dictionnaire*, Art. *Ésope*, pag. III, 3.

[3] Patru ne semble pas avoir dit, comme le pensent d'Olivet et Sainte-Beuve (*Causeries du lundi*, tom. V, pag. 201), que l'art poétique ne comportait pas les ornements de la poésie, il croyait seulement notre poésie incapable de se soutenir dans des matières aussi sèches que le sont de simples préceptes. *Avertissement* de Brossette sur l'*Art poétique*.

achevée, « il la revit exactement » tout entière [1]. Il n'y avait donc
point sur le fond des choses de désaccord essentiel : tout portait
sur la difficulté de l'exécution, et Patru dès le début n'eut pas
de peine à reconnaître que son disciple était capable d'en triom-
pher.

Quoi qu'il en soit, l'on ne saurait nier l'influence de ce maître
dans l'art de bien dire sur l'esprit de Despréaux. Il a été un ora-
cle pour lui, avant de devenir un Aristarque. Lorsque Tallemant
des Réaux, qui n'a pas uniquement été un ramasseur d'anecdotes
et de commérages, mais un protecteur zélé des lettres et des
lettrés, disait de lui dans son épitaphe :

> Tel esprit qui brille aujourd'hui
> N'eût eu sans ses avis que lumières confuses,

en écrivant ces vers, faibles d'expression, mais exacts et vrais
dans le fond, il devait songer principalement à Boileau, le plus
célèbre alors de tous ceux que Patru avait éclairés de ses leçons
(1681)[2].

Boileau ne se montra pas ingrat pour ce maître de sa jeunesse,
et ce conseiller de son âge mûr.

L'amour des lettres, la négligence de ses propres affaires, son
désintéressement [3], peut-être aussi les dissipations d'un homme
longtemps à la mode avaient ruiné l'ancien avocat. Sa disgrâce,
ou pour mieux dire sa déconfiture, était complète[4]. Ses créanciers,

---

[1] *Corresp. de Boileau et Brossette*, édit. Laverdet, pag 149.

[2] *Éloge de Feu M. Patru*, en tête de ses *OEuvres*, 1681.— C'était, dit Maucroix
de Tallemant des Réaux, un des plus hommes d'honneur et de la plus grande pro-
bité que j'aie jamais connu. *Mémoires*, ch. XXVIII. *OEuvres*, tom. II, pag. 350.
Voir sur la véracité de Tallemant, le commentaire de M. Paulin Paris, *Historiettes*,
tom. II, pag. 547.

[3] Sur ce désintéressement voir Tallemant, *Racan*, tom. II, pag. 366. — Il ne
faudrait pas faire entrer la Fronde parmi les causes de cette ruine. Patru ne paraît
pas y avoir pris une part bien active. Néanmoins en 1651 il écrivit pour le coad-
juteur contre le parti de Condé un pamphlet intitulé : Lettre du *Curé au Mar-
guiller*, *Mém.* de Retz, éd. Petitot, tom. II, pag. 286; *Bib. hist.* du P. le Long,
n° 9432. Il demeura de plus attaché au Cardinal. Voy. sa lettre à celui-ci, écrite
peut-être en 1664, *OEuvres diverses*, pag. 900 à 903.

[4] Le mot, d'après Littré, est dans Loysel.

parmi lesquels un trésorier de France, nommé d'Aprigny, se
montrait le plus acharné, le poursuivaient à outrance. Quarante
mille livres y sautèrent, au témoignage de Richelet[1] On voulait
vendre sa propriété patrimoniale de Pommeuse : ses meubles et
ses livres étaient saisis. Vainement il s'était décidé à publier enfin
ses *Plaidoyers* (1670)[2]. Cette édition trop tardive ne l'avait pas
tiré du gouffre. Tout à fait à bout de ressources, le malheureux
écrivait au duc de Montausier, qui s'était entremis en sa faveur :
« Je ne sais si vos bontés auront une issue favorable, mais dans
ma disgrâce ce n'est pas une petite consolation pour moi qu'un
homme de votre vertu et de votre qualité m'ait conservé quelque
part en sa mémoire ». Boileau était alors âgé de trente-quatre
ans, et commençait à être célèbre. Neuf satires et deux épîtres
l'avaient mis en renom. Non seulement il ne rougit pas de son vieil
ami, tombé dans l'infortune, mais il tint à honneur de lui rendre
un hommage public et de flétrir en même temps son persécuteur
(1674).

> « Mais pour moi, que l'éclat ne saurait decevoir,
> Qui mets au rang des biens l'esprit et le savoir,
> J'estime autant Patru même dans l'indigence
> Qu'un commis engraissé des malheurs de la France[3]. »

Il est même probable qu'au fond du cœur il l'estimait davantage, mais la mesure du vers l'avait empéché de le dire. Avant
cet hommage en vers, Despréaux s'était empressé de rendre à
son ami de plus solides services : il l'avait généreusement assisté
de sa bourse. Les autres s'étaient contentés de l'aider de leur
crédit. Tallemant des Réaux le recommanda au duc de Montausier et à Pellisson[4]. Chapelain, après avoir reçu le volume
de ses harangues, le remercia avec effusion, le loua en termes
magnifiques, mais regretta que le livre fût venu trop tard.

« La seule chose, écrivait-il à l'auteur, que je trouve à redire

[1] *Les plus belles lettres*. etc., pag. 328, *note a*, pag. 330, *note c*.
[2] Le privilège est du 18 décembre 1669.
[3] *Épitre* V, à *Guilleragues*, v. 95.
[4] *OEuvres diverses*, pag. 910 et 912.

(à vos plaidoyers), c'est qu'ils ne se sont pas montrés il y a sept ou huit ans. Mon témoignage appuyé d'une preuve si convaincante eût sans doute porté coup et la passion que j'ai toujours eue de servir votre mérite eût été plus satisfaite [1]. » Toutes les recommandations paraissent avoir été stériles pour le moment. Celle de Montausier lui-même fut inefficace. Patru ne l'en remercia pas moins en homme d'esprit et en académicien qui sait par cœur ses auteurs latins. Monseigneur, écrivait-il au duc et pair : « Si le soin qu'il vous plut de prendre de mes intérêts au commencement de ma disgrâce n'a pas eu tout le succès que j'aurais pu espérer, je ne vous en suis pas moins obligé. — *Careat successibus opto quisquis ab eventu facta notanda putat* [2]. »

Boileau n'était point une puissance et n'était pas bien riche : toute sa fortune consistait seulement dans les douze mille écus qu'il avait recueillis dans la succession paternelle [3]; mais il était tout ensemble économe et généreux : il put donc venir efficacement au secours de son ami. Par l'intermédiaire d'un avocat au Parlement [4], il acheta de ses créanciers ses meubles et ses livres, et par une attention délicate lui en laissa la jouissance jusqu'à sa mort.

L'à-propos double le prix du bienfait : Patru put jouir dix ans encore de cette chère bibliothèque, ainsi laissée à sa disposition par une généreuse et délicate amitié.

Les dernières années de Patru s'écoulèrent donc tranquillement et sans inquiétude; retiré dans une petite maison du faubourg Saint-Marceau [5], il y avait l'agrément d'un jardin et d'une

[1] *Lettres de Jean Chapelain*, tom. II, pag. 674, 20 février 1670.

[2] La citation est tirée d'Ovide. *OEuvres diverses*, pag. 909. Cette lettre, de la fin de 1672 ou de 1673, est une réponse à la recommandation qu'avait faite le duc de Montausier de la candidature de Fléchier à l'Académie française. Fléchier y fut reçu avec Racine le jeudi 12 janvier 1673.

[3] Brossette, tom. 1, pag. 222, Berriat, *la Fortune de Boileau*, tom. 1, XXVII.

[4] Jal le nomme Pierre *Rochellet*, n'est-ce pas *Richelet* qu'il faut lire ? Richelet était en 1677 le lecteur de Patru. — L'inventaire des livres et des meubles laissés à Patru par Boileau est du 7 janvier 1671. V. Jal, au mot *Patru*.

[5] Richelet, *Particularitez*, etc. On a dit dans la rue Copeau, mais il demeurait

basse-cour, et le voisinage du Jardin des plantes. Ses amis l'entouraient de leur affection. Il n'y eut jamais, dit l'un des plus fidèles, le P. Bouhours : « un homme de meilleur commerce, ni un ami plus tendre, plus fidèle, plus officieux, plus commode et plus agréable. La mauvaise fortune ne put altérer la gaieté de son humeur, ni troubler la sérénité de son visage [1] ». Une longue maladie termina cette belle vie. « Après avoir vécu, dit encore Bouhours, en honnête homme et en pur philosophe, il est mort en bon chrétien, dans la participation des sacrements de l'Église et avec les sentiments d'une sincère pénitence », 16 janvier 1681 [2].

Pendant ces années de retraite, les recommandations faites en faveur de Patru avaient enfin pu aboutir. Le roi lui accorda, le 19 mars 1679, deux pensions sur des bénéfices ecclésiastiques [3], et le réformateur de l'éloquence judiciaire, « l'homme du royaume qui savait le mieux notre langue [4] », ne mourut pas dans l'indigence finale.

Mais probablement le premier secours était venu de Despréaux. Toutefois la main gauche n'ignora pas ce qu'avait fait la main

---

quand il mourut, dans la rue du Puits l'Ermite. (Voy. *Dict.* de Jal). Les deux rues étaient voisines.

[1] Éloge de Patru, *Journal des Savants*, 1681.

[2] Cette fin chrétienne est attestée non seulement par Richelet. *Particularitez des auteurs françois qui ont écrit des lettres* (1er vol. des plus *belles françoises*, édit. Amsterdam, 1721 en 2 vol., pag. 114, mais par Bouhours. Elle a laissé quelques doutes, à ce qu'il semble, dans l'esprit de ses amis. De là, cette épitaphe, trouvée dans les manuscrits de des Réaux, écrite de sa main. (*Notice sur Tallemant des Réaux*, par Montmerqué, 2e édit. des *Historiettes*, tom. 1, pag. 32) et que L. Paris attribue à Maucroix. *OEuvres diverses*, tom. 1, pag. CXCI et 187.

Ci gist le célèbre Patru
De qui le mérite a paru
Toujours au dessus de l'envie.
Il a savamment discouru,
Mais peu, de la seconde vie,
Heureux s'il n'a trouvé que ce que qu'il en a cru.

[3] Jal. *Dictionn.* Est-ce pour cela que Richelet (*Dictionn.* v°. *Urbanistes*) l'appelle l'abbé Patru ?

[4] Le P. Bouhours, *Éloge de Patru.* Boileau dans une note de 1701 (Ep. V, v. 64) nomme Patru « le meilleur grammairien de notre siècle ».

droite : après la mort de Patru, Boileau laissa circuler et finit
par publier cette épigramme :

> Je l'assistai dans l'indigence,
> Il ne me rendit jamais rien,
> Mais, quoiqu'il me dût tout son bien,
> Sans peine il souffrait ma présence,
> Oh ! la rare reconnaissance.

On a nié qu'il faille appliquer cette épigramme à Patru[1]. Pour-
quoi donc ? Jusqu'à quand fera-t-on l'histoire des écrivains,
comme on composerait la légende d'un Saint, pour la plus grande
édification du lecteur ? Boileau, sans doute, était généreux, dés-
intéressé, dévoué pour ses amis. Il estimait Patru et l'aimait.
Mais il avait deux petits travers : il avait besoin de parler naïve-
ment de lui-même et ne se défiait pas assez de son esprit malin.
Ces deux faiblesses expliquent bien des choses, mieux que de
vertueuses protestations contre les commérages de Brossette.
Prenons donc Boileau tel qu'il est et saluons en lui, avec un
honnête homme, légèrement personnel, aussi enclin à blâmer
qu'à se faire valoir, l'écrivain de bon sens qui, tout en disant
beaucoup de mal de ses devanciers, sut, grâce à Patru, hériter
de leurs travaux et continuer, au grand profit des lettres françaises, la tradition de Malherbe et de Vaugelas.

[1] Il s'agit ici de Patru, Brossette. — Voir Berriat tom. II , pag. 459, note 1.

———

Extrait des Mémoires de l'Académie des Sciences et Lettres de Montpellier
(Section des Lettres. — 2e série, tom. I, 1892)

———

Montpellier. — Typ. CHARLES BOEHM.